하나님과
꿈꾸기

문화적 변화를 위해 하나님과 동역하기

하나님과
꿈 꾸기

빌 존슨 지음 · 조앤 윤 옥김

Shekinah
MEDIA

차례
Dreaming with God

바치는 글

이 책을 내 인생의 '아버지들'에게 바칩니다. 희생적으로 사셨던 그분들은 내가 나의 가능성에 대해 거의 아무것도 보지 못했을 때에 내 안의 최고의 것을 볼 수 있었습니다. 그들은 나보다 항상 나이가 많은 것은 아니었지만 언제나 나보다 성숙했고 안정적이었습니다. 나는 그들에게 영원토록 빚을 졌습니다.

나의 아버지 M. 얼 존슨께.

아버지는 강단에서와 같이 집에서도 그렇게 사셨습니다. 정직하시고, 겸손하시며, 비전을 제시하는 리더이시며, 가정에 충실하시고, 훌륭한 성품을 가지시고, 동정심이 많으시고, 예배자로서 삶을 사셨습니다. 그분은 그의 영혼의 연인이신 예수님과 함께 있기 위해 본향으로 가셨습니다. 아버지, 감사합니다! 영원히 고맙습니다.

칩 워딩턴에게.

당신은 내게 기도의 삶의 가치를 가르쳐 주셨고 부흥에 대한 갈급함으로 훈련시켜 주셨습니다.

마리오 무릴로에게.

당신은 기적이 정상이며 부흥이 가능하다는 것을 내가 볼 수 있게 도와주었고, 그러한 삶은 예수님께 온전히 바친 자만이 받아들일 수 있는 삶임을 가르쳐 주셨습니다.

대럴 블런트에게.

당신은 은혜의 삶을 보여 주었고 내 삶 가운데 주님으로 인한 만족을 발견하게 도와주었습니다.

딕 조이스에게.

작은 동네 작은 교회의 목사님으로서 나를 향한 당신의 헌신은 내 안에 하나님 왕국의 원리의 기준들을 확립시켜 주었고, 저는 그것을 절대로 잃어버리지 않겠습니다. 당신은 정상적인 그리스도인의 삶이 초자연적인 삶이라는 것을 보여 주셨습니다.

모두들 감사합니다. 백만 번이라도 감사합니다.

감사의 말씀

댄 파렐리, 캐롤 레지나토, 그리고 앨리슨 아머딩에게 원고를 편집하는 데 쏟아 준 사랑의 노고에 특별한 감사를 드립니다. 이 책은 여러분 없이는 불가능했을 것이다.

벧엘 교회 가족 전체에게—여러분들은 나를 놀라게 한다. 여러분의 하나님을 향한 지칠 줄 모르는 열정과 위험을 감수하는 삶의 스타일은 내가 목격한 것 중 가장 위대한 하나님께서 역사하시는 상황을 마련하게 했다. 우리 함께 다음 단계로 올라갑시다!

추천의 글

빌 존슨은 하나님과의 교제에 갈급함이 있으며, 그것에 동반하는 모든 신비, 계시, 능력, 그리고 영광을 또한 갈망하는 사람이다. 그는 하나님의 역사하심에 대해서는 결코 하나도 놓치고 싶지 않아 돌파와 불가능, 오직 하나님만이 하실 수 있는 모든 것을 위해 끈질기게 매달리는 사람이다. 그리고 그는 우리가 미래에나 가능하다고 생각하는 것들을 경험하도록 열정과 예배 속으로 하나님을 초청한다. 그는 현재 부흥 속에서 사는 사람이며, 이 책을 통해 더 높은 고지를 향하여 우리를 인도하며 앞으로 목격할 권능을 점점 더 많이 맛보게 될 것을 생각하면 참으로 드물게 느껴지는 기쁨이 있다.

－롤란드 베이커 박사, 하이디 베이커 박사
아이리스 미니스트리의 설립자와 담당이사
〈항상 부족함이 없으리로다〉의 저자

빌 존슨은 훌륭한 친구이며 언약 관계에 있는 형제이고, 초자연적인 기사와 표적 속에서 움직이는 부흥가이다. 그는 또한 그의 책들과 하나님 왕국에 대한 계시적인 가르침을 통해 내게 멘토가 되어 주었다. 나는 빌 존슨의 가르침이 그동안 셀 수 없이 많은 사람들에게 영향을 미쳐 온 것처럼 〈하나님과 꿈꾸기〉가 여러분의 삶을 바꾸게 될 것을 의심하지 않는다.

- 체안 박사

캘리포니아 주 파사디나 시 하비스트 락 처지 담임 목사, 하비스트 인터내셔널 미니스트리 설립자 겸 회장, 〈성령의 불 속으로(배다니)〉와 〈당신은 치유받기 원하는가(순전한 나드)〉의 저자

만일 여러분이 하나님의 궁극적인 의도와 목적이 무엇인지 궁금해 한 적이 있다면, 그 명확한 답을 빌 존슨의 신간 〈하나님과 꿈꾸기〉에서 발견하게 될 것이다. 이 책을 읽을 때 나는 마치 빌이 나의 생각과 열망을 읽은 것처럼 느껴졌다. 마침내 누군가가 이 진리들을 인쇄물로 만들 만한 담대함이 생긴 것이다.

빌은 하나님의 상속자들로서 사용할 수 있는 하나님 왕국 무역의 '도구'에 대해 나누는데, 나는 이 책이 하나님의 은혜의 부요함 안에 들어가는 가장 훌륭한 '도구'가 되지 않을까 하는 믿음을 가지고 있다. 빌 존슨의 삶과 사역을 생각하면 크리스탈처럼 선명하게 떠오르는 단어가 있다. '일치'라는 단어이다. 그는 내적·외적으로 모두 조화를 이루는 상태의 질적 우수함을 담고 있다. 만일 여러분이 그의 가르침에 대해 전혀 들어 본 일이 없다면, 친밀함을 기뻐하시는 하나님과 조화를 이루며 사는 삶의 증거가 자연스럽게 흘러 나온다는 것을 언급하고 싶다. 각 장마다 충분한 시간을 갖고 우리 안에 계시는 그리스도의 비밀과 숨겨진 신

비를 발견하며 여러분의 심령을 지혜와 하나님과 큰 꿈을 꾸는 데에 적용하기를 바란다.

- 마크 J. 치로나 박사

마크 치로나 미니스트리

매스터스 터치 인터내셔널 교회, 플로리다 주 올란도 시

빌 존슨의 신간 〈하나님과 꿈꾸기〉는 '대기상태'에 있는 그리스도 신자들을 위해 씌어진 책이다. 이것은 순종상태가 아니라 '대기상태'이다. 이것은 군대용어로서, 전쟁에 이기기 위해 특별한 사명을 위해 엄선된 병사들을 훈련시키는 것을 일컫는다. 장군은 그들을 방관자로서 정렬시켜 두고 마지막 전투를 위해 준비하도록 특별 훈련을 시킨다. 그 장군만이 알아차릴 수 있는 어떤 단계로 전쟁이 고조되면 그 병사들은 완전히 이길 수 있게 준비된 전장에 나가서 마무리를 짓게 되는 것이다.

이 책을 읽는 동안 나는 그의 전쟁 계획과 영적 어둠과 빛 사이의 갈등에 대한 그의 표현이 얼마나 적절한지 참 인상적이었다. 나는 이 책이 대기상태에 있는 사람들을 위해 특별히 씌어졌다고 믿는다. 우리는 출전해 마무리를 지으라는 명령만을 기다리고 있다. 바로 이와 같은 때를 위해 여러분이 준비된 것을 깨닫고 영적으로 도전을 받게 될 것이다.

- 딕 밀즈

국제 전도자, 컨퍼런스 강사

〈영적으로 충만한 신자의 매일 묵상집〉과 〈결혼의 낙원〉의 저자

빌 존슨은 그의 신간 〈하나님과 꿈꾸기〉를 통해 큰 공헌을 했다. 이는 전에 그가 쓴 두 권의 책의 빛나는 후속편이다.

이 시대의 역사는 빌의 생각과 저서들의 굉장한 영향력을 기록하게 될 것이다. 그는 하나님 나라에 대해 전달했지만 그것이 전부는 아니다. 이는 믿을 만하고, 균형 있으며, 권위 있고, 실험적으로 증명된 내용이다. 특별히 벧엘 교회와 캘리포니아 주 레딩에서 전반적으로 일어나고 있는 일들은 실로 그것을 뒷받침하는 것이다. 빌이 간증을 하기 위해 전세계를 누비며, 하나님 나라에 대한 가르침의 결실을 보고 있다는 점을 더해볼 때, 여러분은 반박할 여지 없는 증거의 메시지를 듣는 것이다.

나는 몇 달 전 빌에게 "자네가 18년 동안 하나님 왕국에 대해 설교해 왔다는 사실과 지금 캘리포니아 주 레딩과 벧엘 교회에서 일어나고 있는 일들은 무슨 상관이 있는가?" 라고 물었다.

그가 즉시, 그리고 간단하게 다음과 같이 대답했다. "모든 것이 연관 되어 있지!"

- 잭 테일러
디멘션스 미니스트리 설립자.
〈권능의 하나님의 말씀〉의 저자

진리를 찾는 사람에게는 이 책이 그의 사고방식에 도전할 수 있는 기회와 삶의 방식에 영향을 미치는 진리들을 발견하는 기회가 될 것이다. 한 장 한 장에 담긴 계시를 이해하고 그것을 적용하기 위해 몇 번 반복해서 읽 어야 할 것이다. 개인적으로 나는 이 책을 통해 무언의 질문에 대한 분명 한 답을 얻게 되었고, 나의 열망과 목적하는 바에 대해 실제적으로 이해 하게 되었으며, 하나님 아버지에 대한 사랑이 더 커졌다.

- 캐런 위튼
램프 유스 미니스트리 설립자. 레코딩 아티스트와 TBN TV 호스트

다시 한 번 나의 친구 빌 존슨이 천국을 지상으로 이끌어 오는 낭랑한 나팔 소리를 내었다. 이 책의 내용은 생각을 일깨우고 영감을 주며, 가장 중요하게는 하나님 안에서 그들의 상속물을 다시 찾으려는 열망을 가진 그리스도인들에게 분명한 도전을 준다. 이 책을 읽는 순간 여러분은 일상적인 것에 더 이상 만족하지 못하게 될 것이다. 우리의 삶에 하나님 왕국이 확립되기를 바라는 빌의 열정은 대단히 전염성이 강하고, 초자연적인 하나님과의 특별한 만남을 원하는 여러분의 욕구를 자극하게 될 것이다. 신선하고 진정한 이 책은 여러분의 생각에 혁명을 불러일으킬 것이다.

- 래리 랜돌프

국제 컨퍼런스 강사.

〈사용자 친화적인 예언〉과 〈영의 대화〉의 저자

작가 빅터 휴고는 "다가올 시대의 아이디어보다 더 강력한 것은 없다." 라고 말했다. 사실은 이보다 더 강력한 것이 있는데 바로 시대를 만난 하나님의 아이디어이다. 〈하나님과 꿈꾸기〉가 바로 그 아이디어이다.

여러분은 역사의 가장 위대한 부흥 속에 그리스도 안에서 한 획을 그으며 살기를 원하는가? 여러분은 목적에 이끌리고 은사가 넘치며 영적 권능으로 덧입을 수 있다는 것을 알고 있는가? 교회의 천명은 세상을 모방함으로써 세상을 감동시키는 것이 아니라는 것을 알고 있는가? 하나님께서는 독창적인 음악. 발명. 예술. 그리고 기적으로 세상을 감당키 어렵게 만들도록 우리를 부르셨다는 것을 아는가? 우리는 하나님을 알고 예배할 수 있을 뿐 아니라, 그분과 함께 꿈꿀 수 있다. 이 책은 그 꿈들을 어떻게 실현할 수 있는지 보여 줄 것이다.

독창적인 표현은 그야말로 무한적이고 하나님께서 창조하신 각 사람의 모습만큼이나 독특하다. 빌은 하나님을 제한해 오고 우리의 진보를 엉망으로 만들어 버린 전통을 드러나게 한다. 왜 영적 전쟁에 그렇게 많은 사상자들이 나와야 했는지 알게 되는 것이다. 우리는 설교자들만 보내었고, 나머지 하나님의 군대는 십일조를 낼 뿐인 방관자들로서 응원하도록 만들었다.

이 책은 모든 그리스도인들에게 무기를 배포한다. 새 신자들에게는 예술, 사업, 과학, 교육, 정치, 심지어는 미디어까지 더 이상 안전한 은신처가 아니다.

평범한 그리스도인이 이 현재의 어두움이 감당하기 어려운 우수함, 독창성, 그리고 기술의 근원으로 변모하게 될 것이다.

- 마리오 무릴로
전도자, 마리오 무릴로 미니스트리 설립자
〈결정적인 군중〉과 〈사단이 경고했던 바로 그 그리스도인〉의 저자

빌 존슨은 인간 발달의 가장 중요한 개념 중 한 가지를 파악했다. 어떻게 하나님의 뜻을 꿈꾸는가에 대하여. '열망'에 대한 개념과 인간의 활동, 창의력, 지혜, 그리고 개인적 성취에 있어서 그것의 역할에 대한 그의 통찰력 있고 영감이 흘러 넘치는 설명은 인간 심령의 깊은 질문들에 대한 해답을 제공하기에 부족함이 없을 것이다. 나는 이 책을 강력히 추천하며 모든 이들이 읽게 되기를 소망한다.

- 마일즈 먼로 박사
MMI 인터내셔널, 바하마 나사우에서

빌 존슨은 손을 뻗쳐 하나님 나라의 목적을 붙들려는 모든 이들의 잠재적 창의력을 풀어 줄 결정적인 열쇠를 우리에게 건네준다. 각 장을 통해 여

러분은 자신의 은사의 독특함을 훨씬 더 잘 이해하는 새로운 문턱에 이르게 될 것이다.

- 랜덜 윌리

헤드워터스 미니스트리 설립자, 사도적 컨설턴트, 컨퍼런스 강사

빌 존슨의 신간 〈하나님과 꿈꾸기〉는 대단하다. 왜냐하면 이 책에서 그는 성경 말씀을 해석하는 전통적인 방법이나 복음주의 신학자들의 전통적인 의견에 너무나 모순되기 때문에 다른 이들이 두려워서 말하지 못했던 것을 말했기 때문이다.

그는 율법이 아닌 은혜에 기초한 책을 썼다. ― 그분을 위해 무언가를 보여 주려고 하는 것이 아닌 ― 이것은 하나님께서 우리를 즐거워하시듯 우리가 하나님을 즐거워함에 관한 것이다. 저자는 천국의 관점으로 지상을 바라보게 하고, 16세기의 관점 대신 1세기의 관점으로 성경을 보게 한다. 과연 그 의미하는 바를 멈추어 생각하지 않고 이 책을 읽을 수 있는 사람이 있을지 의심스럽다. 〈하나님과 꿈꾸기〉는 어려움, 도전, 지상의 한계에 따른 문제들을 보지 않고 천국의 무한한 능력을 바라본다. 이 책은 겁이 많거나 의심하거나 또는 기독교를 도덕적인 철학 정도로 축소시킬 사람들을 위한 것이 아니다. 이 책은 성경에 나오는 기독교와 일치하는 초자연적인 그리스도인의 믿음의 모습과 그리스도를 믿는 자들의 초자연적인 위업이 넘치는 교회사의 기독교를 열망하는 사람들을 위한 것이다.

- 랜디 클락
글로벌 어웨이크닝 미니스트리
〈이 작은 늙은이를 사용하실 수 있는 하나님〉과
〈이것이 전부는 아니다〉의 저자

열정에 사로잡힌 예배자는 항상 목적 지향적인 일꾼보다 더 많이 성취한다. 전자는 교제와 친밀함으로 인해 동기 부여가 되고 후자는 두려움과 책임감으로 인해 동기 부여가 된다. 에베소 교회는 견디고 수고했지만 첫사랑을 잃어버린 자들로 메워졌다. 바울은 한편으로 데살로니가 교회에 사랑의 노고에 대해 칭찬한다.

빌 존슨은 우선순위를 재고하도록 도전하고 이를 통해 우리로 하여금 견뎌내는 생산자가 아니라 열정적인 동역자가 되도록 한다. 결국 강하고 위업을 이룰 자들은 하나님을 아는 자들인 것이다.

– 데이빗 레이븐힐
〈예수 서신〉의 저자, 텍사스 주 린데일에서

나는 빌 존슨의 책을 읽을 때마다 울게 된다. 그의 책을 읽으면 눈물을 가진 열망이 깨워지기 때문이다. 마치 나의 영이 목말라 하던 하나님 나라의 문턱에 들어서며, 지금까지는 나의 영 안에서만 몸부림치던 개념에 갑자기 언어와 정의가 주어진 듯한 느낌이다. 〈하나님과 꿈꾸기〉를 읽으면 책의 마지막 문장이 내 영에 메아리쳐 온다. "나의 세대의 경험이 될 수도 있는 어떤 것을 놓칠 수 있다는 생각은 그야말로 완전히 고문이다. 만일 이런 분위기 속에서 잠을 잔다면 내가 태어난 이유를 놓치게 될 것이라는 것을 알기에 나는 도저히 잘 수 없다." 이 책은 내가 하나님과 더 깊은 삶을 살도록 영감을 준다.

– 스테이시 캠벨
비 어 히어로의 공동 설립자
성경으로 기도하는 법의 공동 저자 및 공동 프로듀서

빌 존슨은 저서 〈하나님과 꿈꾸기〉에서 항상 그러하듯이 스스로를 이겨냈다. 이 놀라운 신간을 통해 우리는 성경의 다윗이 '새로운 수위표'를 세웠다고 들었다. 그러나 빌 존슨 또한 그렇게 했다. 그는 하나님께서 우리 각 사람에게 말씀하시는 것을 말해 주었다. "성전이 나의 아이디어는 아니었다. 다윗이 바로 나의 아이디어였다." 만일 당신이 '실패한 꿈 때문에 낙심한' 한 사람이라면, 빌이 바로 당신을 위해 이 책을 썼다는 것을 알기 바란다. 당신이 하나님의 아이디어이기 때문에! 그리고 만일 그것이 좋은 소식이 아니라면, 속담이 말하듯, "진짜 좋은 소식이 오고야 말 것이다!"

– 스티브 슐츠

엘리야 리스트, 잡지 〈보이스 오브 더 프로페틱〉 창간자

감동이 임한 시편기자는 "온전한 날이 오기까지 의로운 자의 길은 더욱 밝게 빛난다."고 말했다. 교회가 새로운 계시를 향해 돌파하면 전 세계는 일깨워진다. 종교개혁은 르네상스를 가져왔고, 전 세계 발명의 90%가 1906년에 일어난 아주사 부흥 이후에 이루어졌다. 예언 사역 운동이 1980년대에 가속도가 붙은 것처럼 또 다른 전류의 파동이 있었고, 지식이 7년마다 두 배로 증가하기 시작했다. 세상이 더 깊은 어두움 속으로 빠져 들어갈수록 빌 존슨과 같이 횃불을 든 주자들이 관문을 열어 모든 사람들이 영광의 지식을 몸으로 느낄 수 있고 이해할 수 있는 언어로 풀어 줌으로써 마지막 때의 위업을 달성하도록 영감을 불어넣어 준다. 이 책은 정말 내게 확실히 감동을 준다!

– 랜스 월너우

랜스 러닝 그룹 회장, 국제 컨퍼런스 강사

앞서는 글

여러분은 별들이 이야기하는 것을 아는가?

아브라함의 시절엔 그랬다! 우주의 창조주가 직접 놀라운 말씀을 자신의 친구들에게 주셨다. 하나님은 아브라함에게 나가서 밤하늘에 빛나는 별들의 수를 헤아려 보라고 하셨다. 밤에 별 세는 것을 상상해 보라.

그래서 아브라함이 어떻게 했을까? 그는 나가서 별들을 세기 시작했다! 그는 아마 이랬으리라 생각한다. 아브라함은 아내 사라에게 잘 자라고 인사한 후 바람을 쐬러 나간다. 아브라함은 깊은 생각에 빠져 하늘을 응시하며 긴 산보를 간다. 그는 순종함으로써 스스로에게, 그리고 하나님께 이야기하면서 별을 센다. "하나, 둘, 넷, …스물일곱, …마흔다섯, …백쉰다섯, …이천예순둘, 헉헉…헉…와! 별을 세라구요? 무슨 뜻이죠? 저는 별의 수를 헤아릴 수 없습니다. 세려면 한이 없을 것 같은데요."

하나님이 대답하신다. "아브라함아, 별을 세보아라." 아브라함은 약간

당황하며 윗동네 계신 그분이 이 이상한 명령을 통해 무엇을 말씀하려는지 머리로 이해해 보려고 하면서 보이지 않는 목소리의 명령을 따르기 위해 계속 해본다. "삼천칠백 그리고…아, 잊어버렸네. 어디까지 세었더라?"

목소리가 다시 들린다. 그렇지만 이번에는 좀 내적인 설명을 곁들인다. "하늘의 별의 수가 너의 자손의 수가 될 것이다." "네? 뭐라구요? 하나님은 사라와 제가 결혼한 지 오래되었고, 별의 수만큼은커녕 아무 열매도 맺지 못했다는 것을 아십니까?" 그러나 주인의 목소리가 주장한다. "별들을 세어보아라. 얼마나 많은가?" 그렇다. 별들이 아브라함에게 말했다. 아마도 밤마다 나가서 불가능의 영역을 처다보며 잠시동안 들리는 별들의 목소리가 아브라함을 소름 끼치게 했을 것이다. 그러나 언제부터인가 무엇인지 변했다. 상황이 바뀌었을까? 아니다. 최소한 아직은 아니었다. 그러면 무엇이 바뀌었을까? 아브라함은 우리와 마찬가지로 머리로 계산하는 것으로부터 마음으로 믿는 것으로 변해 갔다.

어떻게 되었든지 하나님의 꿈은 아브라함의 심령에 심겨졌다. 많은 시험과 시련과 실수 후에도 아브라함은 밤중에 나가서 하늘을 처다보았을 때 기뻐하는 경지까지 도달했다. "그래, 약속이 있잖아! 그래, 그 약속은 나를 위한 거야! 저 별이 하나님의 말씀이 이루어질 거라고 선포하지 않는가! 사실, 바로 저기 있는 반짝반짝하는 빛이 하나님의 약속은 '예와 아멘'이라고 말하고 있어!"

그렇다. 별들은 말한다.

여러분은 나머지 이야기를 알고 있다. 그것은 우리 전부에게 영향을 미치는 역사적 사실이다. 하나님은 꿈을 꾸시며 그분은 자신과 함께 꿈꿀 자들을 찾고 계시다.

세대마다 꿈꾸는 자들이 일어난다. 그들은 인간이 만든 고정관념의 상자를 벗어나서 생각하며, 앞으로 전진하기를 두려워하지 않는다. 오늘날 새로운 부류의 꿈꾸는 자들이 일어나고 있다. 그들은 앞으로 있을 일들을 이야기할 뿐 아니라 그 일들을 현재 일어나도록 불러온다. 그들은 자신의 꿈을 실제 삶으로 산다.

나는 어떤 사람과 그의 메시지를 여러분에게 소개하는 굉장한 기쁨과 영광이 있다. 그 사람은 빌 존슨이며, 그의 메시지는 분명히 꿈이다! 나는 그 사람과 그의 메시지가 일치하는 예를 여러분에게 제시한다고 자신 있게 말할 수 있다.

이제 보라! 또다른 꿈꾸는 자가 오는도다! 점점 늘어나고 있는 군중에 여러분도 합류할 것인가?

그렇다, 별들은 계속해서 말한다!

예수님께 쏟아부어진 자.

제임스 W. 골

인카운터즈 네트워크의 공동 설립자

〈잃어버린 중보의 예술〉, 〈예언자〉, 〈꿈의 언어〉의 저자

나는 하나님의 교회가 그 잠재력 위에 우뚝 서서 세상의 역사를 바꿀 것이라고 믿는다. 우리는 하위계급의 메시지를 갖고 있지 않다. 이것은 오직 개인적인 삶과 가정, 그리고 도시의 변화를 통해서만 볼 수 있는 메시지이다. 〈하나님과 꿈꾸기〉는 헌신되었으나 아직 성취하지 못한 자들의 외침에 반응하여 쓰인 것이다. 이 책은 진정한 신자들에게 하나님께서 자신의 계획을 실현시키시는 데 있어 우리가 함께 동역하기를 바라신다는 것을 알고 꿈을 꿀 수 있도록 하기 위해 쓰였다.

〈하나님과 꿈꾸기〉는 나의 저서 〈변화된 심령의 초자연적인 능력〉의 장별 제목 중 하나였다. 데스티니 이미지 출판사의 던 밀람은 그 내용이 한 장에 국한되는 것보다 더 관심을 둘 가치가 있다고 느꼈다. 나는 이에 동의하고, 그것을 이제 다음의 페이지들에 확장해 담고자 했다.

던, 당신의 격려에 감사드립니다.

1장

하나님과 협력하기

하나님께서는 그분의 자녀들을 위해
스스로를 연약하도록 허락하셨다.

제자들은 '모든 것을 버려두고 나를 따라오라' 하셨던 '그분'을
경외함으로 살았다. 그것은 쉬운 선택이었다. 그분이 말씀하
셨을때, 그들 안에서 전엔 그들 안에 있는지 조차 몰랐던 무언가가 일
어났다. 그분의 목소리에는 무언가 자신의 인생을 바쳐 살아야 할 만
한 것이 있었다.

매일 예수님과의 삶은 그들이 이해하지 못하는 사건들로 가득했
다. 그것이 귀신들린 자가 예수님 발 앞에 무릎 꿇고 경배하는 일이든
지, 권위적이고 종교적인 지도자들이 그분의 임재하심에 할 말을 잃
고 잠잠해지는 일이든지 간에, 감당하기 어려운 사건들이었다.

(그때문에) 그들의 삶은 의미와 목적을 갖게 되었고, 그밖의 다른

모든 것들은 기껏해야 실망스러운 정도였다.

그들은 물론 개인적인 문제들이 있었다. 그러나 그런 일들은 이제 하나님께 놀라버린 그들에게 더 이상 문제가 되지 않았다.

그들이 경험했던 가속도가 붙은 삶은 우리가 이해하기엔 어려울 것이다. 한 마디의 단어, 하나의 동작조차 모두 영원의 가치를 지닌 것 같았다. 틀림없이 이 왕의 뜰에서 섬기는 것이 그들 자신의 궁전에서 사는 것보다 훨씬 낫다고 생각되었을 것이다.

그들은 다윗 왕이 하나님의 임재를 최우선으로 삼은 삶을 사는 가운데 느꼈던 바로 그것을 직접 체험하고 있었던 것이었다.

궁극적인 전환

지상에서의 삶 마지막에 즈음하여 예수님은 제자들에게 궁극적인 승진을 시켜 주셨다. 그 분은 열두 제자에게 더 이상 종이라 하지 않고 친구라 부르신다고 했다. 그분과 함께 방안에 있거나 그저 먼 발치에서 바라 보기만 해도 그들이 바랄 수 있는 이상이었다. 그러나 예수님은 그들을 자신의 삶 안으로 들어오게 하셨다.

그들은 인간으로서 경험할 수 있는 최고의 승진을 받은 것이었다. 종으로부터 친밀한 관계라는….

이렇게 높임을 받는 느낌이란, 아마도 저 옛날의 왕비 에스더 ─

포로의 후예로서 종살이에서 왕비로 승격이 된 — 만이 실로 이해할 수 있는 것일 것이다.

> 이제부터는 너희를 종이라 하지 아니하리니 종은 주인의 하는 것을 알지 못함이라 너희를 친구라 하였노니 내가 내 아버지께 들은 것을 다 너희에게 알게 하였음이니라(요 15:15)

이 승진과 함께 제자들의 관심은 이제 눈앞의 임무보다 붙잡을 수 있는 '그분'에게로 쏠리게 되었다. 하나님 마음의 비밀을 알 수 있게 된 것이다.

이 승진을 허락하셨을때, 예수님은 그 두 자리의 차이점에 대해 설명해 주셨다. 종은 그 주인이 하는 일을 알지 못한다. 그들은 주인의 개인적이고 친밀한 영역의 삶을 알지 못한다. 그들은 임무 중심적이다. 그들의 초점은 순종이다. 그들의 삶이 얼마나 이것을 잘해 내느냐에 달렸으므로 이것은 어쩌면 당연한 일이다. 그러나 친구는 다른 곳에 초점이 있다.

친구가 된 그들에게 순종이 더 이상 최우선 순위가 아니라는 말이 마치 불경하게까지 들리지만, 이것은 사실이다.

실은, "너희가 나의 명하는 대로 행하면 곧 나의 친구라"(요 15:14)라고 그 앞 구절에서 강조하듯 순종은 언제나 중요할 것이다. 그러나 친구된 자에게는 실망시키는 것이 불순종하는 것보다 훨씬 큰 문제로 다가온다. 제자들의 초점은 명령으로부터 임재를 구하는 것으로, 과제로부터 관계로, "내가 그분을 위해 무엇을 해드리는 것"으로부터 "나의 선택이 그분께 어떤 영향을 미치는지"로 바뀌었다. 이 우정에 대한 그분의 허락은 오늘날 우리가 계속해서 경험하는 이 혁명을 가능케 했다. 이 우정의 수여는 우리로 하여금 계속해서 혁명을 경험케 한다.

승진을 통한 변화

이 진급을 우리가 마음으로 받아들임으로써 여러모로 관점의 변화가 일어난다. 첫 번째로, 하나님 아버지의 마음을 읽게 됨으로써 우리의 아는 바가 달라진다.

그분의 마음은 우리가 생애 전체를 통해 성공적으로 역할을 다하기 위해 필요한 정보 중 가장 훌륭한 자원이다. 예수님께서 우리가 하나님께 다가갈 수 있도록 모든 값을 치르셨다. 그리하여 그분의 무한한 지식을 통해 우리가 얻는 진리로 인해 자유를 얻게 하셨다. 이 진급의 단계에서 자유가 얻어지는 것이다.

두 번째로, 우리의 경험이 달라진다. 하나님과의 친밀한 만남은 종된 자로서의 만남과 전혀 다른 것이다. 우리가 우리의 갈망 안에서 일어난 변화를 축하할 때 그분의 심장박동이 우리의 심장박동이 되는 것이다. 그분의 임재의 영역이 우리의 귀중한 유업이 되며, 하나님과의 만남은 우리의 가장 훌륭한 추억거리가 되는 것이다.

개인적인 변화는 이러한 초자연적인 경험으로써만 가능하다.

세 번째로, 우리의 삶의 기능이 급격하게 변화하게 된다.

그분을 '위해' 일하기보다, 그분과 '함께' 일하게 된다. 그분의 '은총을 얻기 위해' 일하기보다, 그분의 '은총으로부터' 일하게 된다. 이러한 위치에 있으면, 그분은 우리에게 더욱 큰 능력을 맡기시고, 자연히 우리는 더욱 더 그분의 모습을 닮아 가게 되는 것이다.

네 번째로, 우리의 자아상이 급진적으로 변화하게 된다. 우리의 자아상은 우리가 무엇을 하며 어떤 존재가 되는지를 결정하게 된다.

자신의 존재로부터 흘러나오는 삶을 사는 그리스도인들은 다른 이들의 의견에 의해 불구처럼 되어버릴 수 없는 사람들이다. 그들은 다른 이들의 기대에 부응하려고 애쓰지 않으며, 하나님 아버지께서 그들이 누구인가를 말씀해 주신 것을 인식함으로써 열정에 불타는 자들인 것이다.

초점의 변화

종된 자와 친구된 자의 차이점의 전형적인 예는 마리아와 마르다의 이야기에서 찾아볼 수 있다. 마르다가 부엌에서 일하기를 선택할 때 마리아는 예수님의 발 앞에 앉아 있기를 선택했다(눅 10:38-42).

마리아는 그분과 같이 있음으로써 그분을 기쁘게 해 드리고자 했고, 마르다는 봉사를 통해 그 분을 기쁘게 해 드리고 싶었다. 질투심이 일어난 마르다는 예수님께 마리아에게 부엌에서 돕도록 말씀해 주실 것을 부탁했다. 대부분의 종들은 그들의 일 중심적으로 하나님께 다가가는 방식을 정당화하기 위해 친구된 자의 역할을 깎아 내리고 싶어한다.

이때 예수님의 반응은 꼭 기억해야 하는 것이다.

"마리아가 더 나은 것을 선택하였다."

마르다는 예수님께서 시키시지도 않은 샌드위치를 만들고 있었다. 하나님을 위해 더 많이 하는 것이 종된 자들이 그분의 은총을 더 얻기 위해 쓰는 방식이다. 친구된 자는 완전히 다른 초점을 가지고 있다. 그들은 이미 가진 그분의 은총을 누리며, 그것을 그들의 친구이신 하나님과 시간을 보내는 데 사용하는 것이다.

마리아와 마르다가 모두 필요하다고 말하는 것은 그 뜻을 완전히 놓치는 것이다. 한마디로 이것은 사실이 아니다. 나는 마르다와 같은 자들이 없으면 아무 일도 이루어지지 않을 것이라고 말하는 것을 들은 적이 있다. 이것도 역시 거짓말이다. 이러한 가르침은 주로 친구된 자들의 삶의 방식에 주눅이 든 종된 자들이 주로 하는 가르침이다. 마리아는 일하지 않는 자가 아니었다. 그녀는 예수님께서 시키시는 샌드위치만 만들며 그분의 임재로부터 일하는 것을 배웠던 것이다. 그분의 임재로부터 일하는 것이, 그분의 임재를 위해 일하는 것보다 나은 것이다. 마이크 비클 목사님은 이를 다음과 같이 잘 표현하셨다.

"우리에게는 연인들과 일꾼들이 있다. 그리고 연인들이 일꾼들보다 더 많은 일을 해낸다!"

그분을 기쁘시게 하는 데 있어서 열정적인 연인은 언제나 종된 자를 뛰어넘을 것이다.

하나님의 뜻

우리는 대부분 하나님의 뜻이 움직이지 않는 것으로 생각한다. 고정되고 변할 수 없는 것으로. 주로 그것을 어떤 특정한 사건이나 시간에 연결시켜 생각한다.

이 주제를 이해하는 데 있어 빠진 부분은 하나님의 뜻을 펼치실 때 우리가 하는 역할이다.

하나님께서 이스라엘 민족을 멸망시키려 하셨을 때, 그분은 모세에게 비키라고 하셨다. 이는 모세가 애굽에서 사막으로 이끌어 낸 그 사람들을 죽일 작정이셨기 때문이었다. 그러자 모세는 이들이 자신의 사람들이 아님을 하나님께 상기시켜 드렸다. 그들은 하나님의 백성이고, 뿐만 아니라 그들을 이끌어 낸 사람은 모세 자신이 아니라 하나님이었다는 것을. 하나님께서는 기본적으로 그가 맞다는 것을 인정하셨고, 그들을 죽이지 않기로 약속하셨다.

놀라운 사실은 하나님이 마음을 바꾸시고 이스라엘을 살려 주셨다는 것이 아니다. 그것보다는 하나님께서 모세가 자신의 뜻을 정하시는 데 참여하기를 기대하셨다는 것이고, 이를 또한 모세가 알고 있었다는 사실이 놀라운 것이다. 아브라함이 또한 이를 잘 깨닫고 있는 인물 중 한 사람이다.

이러한 하나님의 언약의 친구들은 모두 공통점이 있다. 이는 그들 자신이 하나님의 뜻을 이루는 데 참여할 것과 그 결과에 영향을 미칠 것을 원하시는 하나님의 기대를 깨닫고 있었다는 것이다. 그들은 그 책임이 그들 어깨에 얹혀졌다는 것과 사람들이 필요한 것을 제공해 주기 위해 하나님 앞에 행해야 한다는 것을 이해하고 있었다. 중보자의 제사장으로서의 역할이 이만큼 분명히 명시된 적은 이전에 없었다.

하나님의 뜻의 일차적 초점은 이스라엘을 멸망시킬 것인가 아닌가가 아니었다. 초점은 그 결정의 과정 안에 모세를 참여시키는 것이었다. 하나님의 뜻은 어떠한 사건에 항상 초점이 맞춰져 있지 않다. 하나님의 뜻은 자신의 친구들을 자신의 임재 안에 들어오게 해서 맡김을 받은 자들로서의 역할을 감당하게 하는 데 초점이 있는 것이다. 하나님의 뜻은 그 결과가 중요한 만큼 과정도 중요하다. 그리고 그 결과는 고정적이지 않고 유동성이 있다.

원하는 대로 쓸 수 있는 수표

어린 시절 우리들은 대부분 한 가지 소원이 이루어지는 것을 꿈꾸곤 했다.

솔로몬은 이 '한 가지 소원'을 가지고 있었다. 솔로몬에게 하나님이 나타나셔서 그에게 기회를 주심으로 인해, 기도에 대한 우리의 기대치는 전에 없이 높아졌다. 예수님의 제자들은 그들의 '소원'이 이루어짐을 허락받았고, 이는 전보다 더 좋은 것이었다. 원하는 대로 쓸수 있는 수표 한 장을 받는 대신 그들은 끝없는 수의 수표를 받게 된 것이다.

그리고, 이 선물은 그들과 하나님의 우정의 배경 속에서 특별히 주어진 것이다.

하나님과 친구 관계로 승진 받음을 중심으로, 그리스도께서는 제자들에게 이러한 놀라운 약속의 목록을 주셨다. 각각의 약속은 아무것도 씌어 있지 않은 수표로서, 그들이 그것으로 삶을 살고 하나님 왕국의 확장을 위해 평생토록 사용할 수표인 것이다. 그 수표들은 다음과 같다.

너희가 내 안에 거하고 내 말이 너희 안에 거하면 무엇이든지 원하는 대로 구하라 그리하면 이루리라(요 15:7)

너희가 나를 택한 것이 아니요 내가 너희를 택하여 세웠나니 이는 너희로 가서 과실을 맺게 하고 또 너희 과실이 항상 너희로 있게 하여 내 이름으로 아버지께 무엇을 구하든지 다 받게 하려 함이니라(요 15:16)

내 이름으로 내게 무엇이든지 구하면 내가 시행하리라(요 14:14)

그 날에는 너희가 아무것도 내게 묻지 아니하리라 내가 진실로 진실로 너희에게 이르노니 너희가 무엇이든지 아버지께 구하는 것을 내 이름으로 주시리라 지금까지는 너희가 내 이름으로 아무 것도 구하지 아니하였으나 구하라 그리하면 받으리니 너희 기쁨이 충만하리라(요 16:23-24)

우리가 이 구절들을 통해 그리스도께서 허락하시는 것을 제대로 받으려면 하나님을 좇는 것이 무엇인지를 기계적으로 이해하는 것으로부터 바뀌어야 한다. 하나님께서는 결코 믿는 자들이 줄에 매달린 꼭두각시 인형이 되기를 의도하지 않으셨다. 하나님께서는 그분의 백성의 소원함에 따라 스스로를 연약한 입장에 놓으셨다. 실은, "그것이 당신들에게 중요하다면 그분께도 중요하다"고 말할 수 있을 정도이다.

하나님께서 다음에 무어라 하실지를 교회가 기다리고 있는 것만큼, 하나님은 그분의 백성들의 꿈이 무엇인지 듣기를 원하시는 것이다. 하나님은 우리가 우리의 역할을 어서 감당하기를 고대하시며, 이는 그분이 우리를 필요로 하시기 때문이 아니라, 그분이 우리를 사랑하시기 때문이다.

가족 모임

나의 외가 친지들이 1990년대 초반에 가족모임을 하셨다. 노던 캘리포니아에 빌린 캠프지에 모이기 위해 전 세계에서 160명 정도의 인원이 모였다. 놀랍게도 이 모임에는 48명의 목회자들과 선교사들을 포함하고 있었다.

이 모임은 특별히 많은 수의 사역자들이 포함된 것을 생각해 볼 때, 특이한 가족 모임 중의 하나로 기록될 수 있을 것이다. 그런데 더욱 특이한 것은 이 모임이 격식을 갖춘 집회 형태를 띠고 있다는 것이었다. 이 중에는 회의와 공개 토론회 등이 있었다. 내게는 구약의 스바냐서에서 뽑은 내용으로 노래를 작곡해 달라는 요청까지 있었다. 우리 가족, 친지에게 임하신 하나님의 은혜를 송출하는 훌륭한 시간이었다.

어느 날 저녁은 레크리에이션 활동으로 누군가가 스퀘어 댄스를 프로그램에 넣었다. 그런데 나는 예배가 아니고서는 결코 춤추는 일이 없다. 그것이 스퀘어 댄스이건, 나이트 클럽의 춤이건 관계없이 나는 절대 춤추지 않는다.

내게 춤은 창피하게 만드는 활동이다. 중학교 때 나는 선생님께 "우리 교회에서는 춤추는 것을 허락하지 않는다"(부분적으로 사실이었다)고 이야기해서 스퀘어 댄스에서 빠져나온 적이 있다. 그런데 이 모임에서 그 창피한 행위가 가족 프로그램에 들어가 있는 것이었다. 아주 훌륭하게 됐군!

나의 아내 베니가 이제 어떻게 할 생각이냐고 물었을 때, 나는 힘주어 말했다. "나는 절대 춤추지 않아!" 내 생각을 이미 알아차린 아내는 내가 생각을 바꾸어 이 가족의 즐거움에 참여하는 불가능한 일에 도전하지 않기로 했다(참고로, 내 성격의 강점 중 하나는 쉽게 마음을 바꾸지 않는다는 것이다. 누가 나의 관점에 반대하든지 상관없다. 나는 그냥 꿈쩍도 않는다. 내 성격의 약점 중 하나는 역시 내 마음을 쉽게 바꾸지 않는다는 것이다).

우리는 온 가족 친지들이 한꺼번에 춤을 추려 하며 파티가 한창 열린 홀에 내려갔다. 지켜보는 것은 재미있었다. 또한, 어느 가족이 어떻게 해야 할지를 알고, 어떤 가족은 그렇지 못한지도 분명히 드러났다. 우리는 사람들이 그 어려운 동작들을 어색한 중에 빨리 익히려 하며 서로 발을 밟기도 하는 장면을 보며 웃었다. 그런데, 전혀 생각지 못했던 일이 벌어졌다. 당시 열 살밖에 되지 않았던 딸 레아가 나에게 춤을 추자고 했다.

나는 꿈쩍 않기로 알려져 있었다. 가족 중의 몇몇은 이를 두고 고집불통이라 했고, 나는 이것을 '헌신'이라 불렀다. 하지만 이 순간 나는 마치 복병에게 당한 듯했다. 나의 발은 굳게 서있고, 내 결심은 견고했으며, 나의 주장은 확고부동했다. 그러나, 딸들은, 특히 열 살짜리 딸들은 레이더에 포착되지 않게 접근하는 법을 알고 있다. 공포스럽게도 나는 내 의지와 관계없이 "그래"라고 답해 버렸다. 나의 강인함은 어디로 갔는가? 내 결심은 대체 어떻게 된 것일까? 가장 필요한

이 순간에 내 고집셈의 은사는 어디로 가버렸단 말인가? 오늘날까지도 나는 도저히 이해하지 못한다. 내 자그마한 딸에 의해 나는 무릎을 꿇게 되어 버렸다. 다음 순간 나는 댄스 홀에서 되지도 않는 동작들을 시도하며 안간힘을 쓰고 있었다. 그러나, 내 딸아이의 눈은 모든 것이 괜찮다고 말하고 있었다. 딸이 기뻐하는 모습은 나의 창피함을 상쇄하고도 남았다.

이로 인해 나는 아버지들이 어떻게 자녀들의 소원함에 스스로를 연약하게 만드는지를 이해하게 되었다. 어떻게 하나님이 그분의 백성들의 소원함에 따라 기꺼이 스스로를 연약하게 만드시는지를.

하나님의 주권

하나님과 함께 시간을 보내는 것이 우리의 소원함을 바뀌어지게 한다. 우리는 항상 우리가 경배하는 존재와 같이 변한다. 그러나, 이는 그분이 원하시는 것을 우리도 원하도록 프로그래밍되어 있기 때문이 아니다. 그것은 우리가 친구됨 안에서 그분이 기뻐하시는 것이 무엇인지를 발견하게 되기 때문이다. 그분 마음의 비밀스런 것들을. 하나님께 기쁨이 되는 것이 무엇인지 찾고 발견하는 것은 참된 믿는 자들의 본능적 욕구이다. 우리의 본성은 실은 회심하는 순간(역자 주: 영접하는 순간) 일어난다. 우리의 새로운 본성은 하나님을 알고 그분을 우리의 생각과 꿈과 소원함으로 기쁘게 해 드리는 것이다.

이러한 생각의 노선을 가장 받아들이기 힘들어 하는 사람들은, 이와 같은 생각을 하나님의 주권자되심의 교리에 저항하는 것으로 간주하는 사람들이다. 물어볼 필요 없이 하나님은 주권자이시다. 그러나, 그분의 통치하심은 그리스도와 우리가 연합해 일하는 사명을 부인하지 않는다. 이 주제에 대해 나의 친애하는 친구 잭 테일러Jack Taylor의 말을 빌리고자 한다. 그가 이렇게 말한다. "하나님께서는 자신의 주권에 대해 너무나 확신하기 때문에 스스로가 주권자이지 않게 나타나는 것에 대해 두려워하지 않으신다."

모든 소원함은 아버지가 있다

'소원함'이라는 단어의 뜻을 잘 기억하는 방법으로 이 단어를 발음에 따라 나누어 보는 것이 있다(역자 주: 영어로 Desire이다). 'De'는 '무엇 무엇의'라는 뜻이고, 'sire'는 '아버지'라는 뜻이다. 모든 소원함은 아버지의 것이었다. 질문할 것은 "나의 소원함이 하나님께로부터 오는 것인가?"가 아니라, "내가 누구와 영적 교류를 하고 있는가?"이다.[1] 내가 하나님과 영적 교류를 할 수도 있고, 원수와 교류할수도 있다. 만일 내가 몇 년 전에 당한 불의한 일을 되씹어 보며 하나님께서 그 사람을 제대로 심판하셨는지 묻기 시작한다면, 변호와 복수에 대한 소원함이 내 마음을 뒤흔들 것이다.

왜일까? 이는 내가 쓴뿌리의 아버지와 교제하고 있기 때문이다. 그리고, 이 소원함들은 그의 자녀들로서 나의 마음 가운데 형성되었기 때문이다.

만일 악함과의 교제가 악한 소원함을 우리 안에 생겨나게 할 수 있다면, 하나님과의 교제는 얼마나 더 우리 마음 가운데 영원을 소원함을 불어넣을 것이며, 궁극적으로 그분께 영광을 드리게 될 것인가? 그 소원함들은 명령에 의한 것이 아니라, 우리가 그분의 교제함으로 인해 우리 마음 안에 있게 된다. 우리가 그분과 교제했기에 그로인한 자녀들이다.

이 책의 중심 목적은 믿는 자들을 격려하여, 그들이 주님과 친밀하게 교제함으로부터 생겨난 소원함을 인해 삶을 살도록 하는 것이다. 많은 믿는 사람들이 하나님께 모두 내어드렸다는 것을 증명하기 위해 자동적으로 스스로가 원하는 모든 것을 없애 버리려 하며, 자신의 소원함들의 가치를 인정하지 않곤 한다. 그들이 자신을 버리는 태도는 하나님의 뜻을 져버리게 하며, 하나님이 그들의 꿈과 능력의 아버지라는 것을 부인하게 만든다. 이는 자기를 버리는 종교적 매력 때문에 겉으로 보기에 그럴 듯하지만, 실은 하나님의 목적에 거슬리는 일이 되는 것이다.

대부분이 하나님 나라로 들어가는 것과 하나님 나라 안에서의 삶을 구별하지 못한다. 우리는 곧고 좁은 길을 통해 "내 뜻이 아니라 주님 뜻대로 하옵소서"하며 들어간다. 이 유일한 문이 예수 그리스도이다. 그리스도 안에서 생명을 얻는 유일한 방법은 온전히 그분께 맡기는 것이다.

그러나 하나님 나라 안에서의 삶은 구원의 좁은 통로를 지나서 있기 때문에 완전히 다르다. 겉에서 보는 것보다 더 넓은 것이다. 이를 통해 우리는 더 이상 종된 자가 아니며 친구된 자라고 하신 주님의 말씀을 발견하게 된다. 이 배경에서 하나님께서는 우리에게 모든 원하는 것을 주겠다고 말씀하시는 것이다. 강조점은 너희가 원하는 것에 있다.

우리는 이 배경을 잊을 수 없다. 만일 잊어버린다면, 우리는 그저 더 많은 이기주의자들이 그리스도를 믿는다고 고백하는 것을 부추기게 될 것이다. 십자가가 부활보다 앞서 행해졌던 것처럼, 그분 뜻에 모두 맡겨드리는 것은 하나님께서 우리의 소원함을 주심보다 앞서 행해져야 하는 것이다. 그러나, 반대를 강조하는 것도 위험할 수 있다. 만일 소원함이 전혀 없는 사람들이 된다면, 지상에 그리스도를 대리하는 사명을 결코 정확하고 효과적으로 해낼 수 없을 것이다.

생명나무

"…소원을 이루는 것은 곧 생명나무니라"(잠 13:12 NASB)

솔로몬은 이 놀라운 사실을 우리에게 말했다. 누군가가 개인적인 소원을 이룸에 대해 토론할 자격이 있는 자가 있다면, 그는 바로 솔로몬일 것이다. 역대하 7장 11절을 보면, "솔로몬이 그 심중에 있는 모든 것을 다 형통하게 이루니라"라고 되어 있다. 그가 후일 불순종한 것을 가지고 그의 젊은 시절의 순종함이 가르쳐 주는 심오한 교훈을 져버려서는 안 될 것이다. 그는 마음속의 소원함을 이루는 능력을 체험했다.

솔로몬의 말은 창세기에 나오는 생명나무를 재방문하게 만든다. 그것은 아담과 이브를 영원과 연결해 주었다(그 금지된 실과를 따먹었을 때, 주님의 사자가 나타나서 다시는 그들이 그 실과를 따먹을 수 없게 생명나무를 막아 버렸다. 그 나무는 그것을 만지는 모든 것이 영원하게 만들었다. 그것이 죄성 있는 상태를 영원하게 만들 수도 있었다. 영원하고, 구속이 불가능한 상태로).

여기서 우리는 믿는 자가 소원함이 이루어짐에 따라 생명나무를 경험하게 될 것이라고 듣는다. 이는 그리스도 안에서 소원함이 이루어지는 경의로움을 맛보는 자가 영원의 관점과 그 성취됨에서 오는 자아를 갖게 될 것이라는 것을 암시한다. 이러한 내어드림, 개인적 변화, 그리고 소원함의 성취의 과정은 그리스도와 함께 다스리는 훈련의 장이 되는 것이다.

요한복음 16장 24절에 보면 하나님께서 우리의 소원함(기도)을 들어 주셔서 "너희 기쁨이 충만하리라"라고 되어 있다. 교회 안에 그동안 기쁨이 거의 없음은 어쩌면 당연한 일이다. 기쁨은 기도를 통해 하나님의 세상을 향한 계획에 동참함으로써 우리의 마음이 구속되는 것으로부터 오는 결과이다. 더 자세하게는, 기쁨은 우리의 기도가 응답받음으로써 오게 되는 것이다.

응답받은 기도는, 특히 초자연적인 개입을 요구하는 일은 우리를 행복하게 한다! 행복한 사람들은 또한 같이 있기에 즐겁다. 바로 이것이 그리스도께서 죄인들의 친구라 불린 까닭일 것이다(눅 7:34을 보라).

그분의 기쁨은 주변의 모든 이들에게 터져 나갔다. 순간 순간, 매일 매일, 그분은 자신의 기도가 하나님 아버지로부터 응답받는 것을 보았다. 그분의 기쁨은 많은 이들이 극단적이라고 간주할 만했다. 누가복음 1장 21절에 보면, "예수께서 성령으로 기뻐하사"라고 되어 있다. 그 구절의 맥락에서 볼 때 '기뻐하다'는 '소리치며 뛰면서 기뻐하다'의 의미이다.[2]

예수님께 가까이 다가가기만 해도 기쁨이 생겨났다. 세례 요한은 예수를 잉태한 마리아가 방에 들어서자 그의 모친의 뱃속에서 기쁨으로 뛰었다. 예수님의 기쁨은 전염적이었고, 이는 참으로 믿는 자들의 상징이 되어야 할 것이다.

다윗이 새로이 '높은 수위 표시'를 기록하다

소원이 성취된 특별한 예는 솔로몬이 그의 아버지 다윗이 계획했던 성전을 건축하는 것에 잘 묘사되어 있다. 솔로몬의 성전 건축과 봉헌은 성경에서 가장 중요한 사건 중 하나이다. 그러나, 봉헌할 때 솔로몬은 이렇게 말했다.

> 이스라엘의 하나님 여호와를 송축할지어다 여호와께서 그의 입으로 내 아버지 다윗에게 말씀하신 것을 이제 그의 손으로 이루셨도다 이르시기를
> 내가 내 백성 이스라엘을 애굽에서 인도하여 낸 날부터 내 이름을 둘 만한 집을 건축하기 위하여 이스라엘 모든 지파 가운데에서 아무 성읍도 택하지 아니하고 다만 다윗을 택하여 내 백성 이스라엘을 다스리게 하였노라 하신지라
> 내 아버지 다윗이 이스라엘의 하나님 여호와의 이름을 위하여 성전을 건축할 마음이 있었더니(열왕기상 8:15-17)

하나님께서는 자신이 어떤 도시를 선택한 게 아니라 하시고, 사람을 선택했으며, 성전을 건축할 생각이 그 사람의 마음에 있다고 하셨다. 다시 말하면 하나님은 이렇게 말씀하신 것이다. 그 성전은 나의 생각이 아니었다. 다윗이 나의 생각이었다. 놀랍지 않은가! 하나님께서 그것을 감싸안으셨기 때문에 다윗의 창의력과 소원함이 역사를 이루게 했다.

다윗은 우리가 살아 나가야 하는 방향을 정하는 많은 하나님 나라의 원리를 가르쳐 주었다. 마치 그가 이렇게 말한 것과 같다. "꿈꾸는 자들이여! 이리로 오라! 함께 꿈을 꾸며 인간의 역사를 써 보자!" 여

러분은 하나님의 아이디어였다. 그리고, 하나님은 여러분 마음속에 있는 그 보화들을 보기를 고대하신다. 하나님과 함께 꿈꾸기를 배우며 우리는 그분과 동역자가 되는 것이다.

아담―첫 번째 동역자

하나님께서는 아담에게 모든 동물들의 이름을 짓는 과제를 맡기셨다(창 2:19 참조). 당시에 이름이라는 것은 지금보다 더 깊은 의미를 담고 있었는데, 이는 이름이 어떤 사물의 본질을 대변하기 때문이었다. 나는 아담이 각각의 동물에게 이름을 지어 주었을 때 그 동물의 본질과 영역, 그리고 그것이 누리게 될 영광에 상응하는 것으로 지어 주었으리라 믿는다.

현실적으로 아담의 과제는 자신이 살게 될 세상의 본질을 정의하는 것을 돕는 것이었다. 이 동역자의 역할은 창조적이었고, 이는 창조주이신 하나님께 영광되는 일이었다. 하나님께서는 스스로 이런 일들을 하실 수 없기 때문에 우리를 이러한 상황으로 인도하시는 것이 아니다. 하나님은 자신이 창조한 모든 것들이 자신의 신적인 목적을 추구하게 되는 것을 보기를 즐거워하신다. 창의적인 표현의 특권을 누리는 것은 우리의 창조주의 모양과 형상대로 지음받은 사실과 연관성이 있다고 하겠다.

역사를 만들어 가는 도구

흠정역King James Version은 우리의 소원함의 역할을 마가복음 11장 24절을 통해 강조한다. "그러므로 내가 너희에게 말하노니 무엇이든지 기도하고 구하는 것은 받은 줄로 믿으라 그리하면 너희에게 그대로 되리라." 우리는 하나님의 임재를 기도 안에서 누리는 동안 우리의 소원함에 집중해야 한다. 하나님과의 연합 안에서 우리의 꿈꾸고 소원하는 능력을 살아나게 하는 그 무언가가 일어난다.

우리의 마음은 하나님과의 만남을 통해 그분이 그림을 그리실 수 있는 완벽한 도화지로 탈바꿈한다. 우리는 지구를 향한 하나님의 총체적 계획에 동참하는 동역자들이다. 우리의 꿈은 하나님으로부터 독립되어 있는 것이 아니라, 그분 때문에 존재한다. 그분은 하늘에서 이룬 것같이 땅에서도—라는 계획을 내어 놓으신다. 그리고 우리에게 그 계획을 추진하고 일어나게끔 하신다! 우리가 그분과의 친밀함이 깊어갈수록 하늘로부터 오는 구체적인 명령을 그저 순종하기보다, 우리의 소원함의 결과로써 더 많은 일들이 이루어지는 것이다. 하나님은 다윗의 성전 건축에 대한 소원함을 받아들이신 것처럼, 우리의 바람과 소원함 위에 더 만들어 가기를 기뻐하신다.

우리 주변에서 하나님과는 상관없이 사는 사람들이 자기들의 꿈을 인정받기 위한 목적으로만 그분을 필요로 하는 것을 보기 때문에, 이 진리는 위험하게 보일 수 있다. 진정한 은혜는 언제나 더 많은 기회를 통해 마음속에 악함을 품고 있는 자들이 떠오르도록 자리를 마련해 주게 된다. 그러나, 이 진리의 풍성함은 이러한 위험부담에도 불구하고 추구할 만한 가치가 있는데, 이는 진리만이 그리스도의 몸된 교회가 그분과 동역함으로써 부르심 받은 소명을 이뤄 낼 수 있도록 하기 때문이다.

하나님이 주신 소명은 그리스도가 보혈을 흘리기 이전에 이미 시편 기자를 통해 공표되었다. "또 여호와를 기뻐하라 그가 네 마음의 소원을 네게 이루어 주시리로다"(시 37:4).

꿈꾸는 자들이여 환영합니다

우리는 창조하고, 짓고, 진취적으로 나아가기 위해 태어났다. 이것을 성공적으로 하기 위해서는 계속적인 초자연적 지혜의 현시가 요구된다. 지혜와 그것의 독특한 표현이 다음 장의 초점이 될 것이다.

2장

혁신적인 창의성

불신자들이 발명과 예술적인 표현을 이끌어 간다면,
그것은 교회가 거짓 영성을 받아들이고 있기 때문이다.

하나님의 형상대로 지음 받은 중 가장 자연스런 일부분은 꿈을 꾸는 능력이다. 이것은 하나님께서 주신 선물이다. 그러나, 많은 믿는 사람들이 하나님을 기쁘시게 해드리려는 노력에서 하나님께서 주신 모든 능력조차 죽이곤 한다. 그들은 이렇게 생각한다. '하나님을 진짜 기쁘시게 해드리려면, 내 자신과 관련된 모든 것을 없애야만 해!' 이런 생각이 마치 훌륭한 영성인 것처럼 들릴지 모르지만, 이는 기독교적인 생각이라기보다 불교적인 생각이다. 이러한 노선의 생각을 계속한다면, 우리는 생명력 없는 신자들이 될 것이다. 자기 절단은 반드시 육체적인 것이어야만 타락이 되는 것은 아니다. 하나님께서 우리에게 주신 것을 절단해 버리려고 할 때마다 우리는 성경이 뒷받침하지 않는 영성의 형태를 추구하는 것이며, 참으로 증인되게 하는 것을 방해하는 영에게 공헌하게 되는 것이다. 이미 부활한 사람을 다시 못 박고 이를 제자도라 하는 것은 현명하지 못한 일이다. 십자가는 새 사람을 위한 것이 아니라 옛 사람을 위한 것이다(롬 6:5-9).

때로는 우리 중 많은 이들이 "나는 없어지고, 주님만 가득하소서"라고 기도한다. 우리가 태어나기 전에 하나님은 '우리가 없는' 상태이셨고, 이것을 별로 좋아하지 않으셨다. 하나님은 우리를 그분의 기쁨을 위해 창조하셨다. 더 나은 기도가 있다면, 바로 이와 같은 기도일 것이다. "나의 모든 것이 주님의 모든 것으로 덮임을 받게 하소서!"

세례 요한의 "그는 흥하시고, 나는 쇠하여야 하리"라는 말조차 우리의 자아가치를 떨어뜨리는 기독교 신앙의 형태를 승인하기 위해 잘못 적용되는 경우가 많다.

그 문맥을 살펴보면, 세례 요한은 예수님께 바톤을 넘겨 주고 있었다. 그의 할 일은 메시야를 위해 길을 예비하는 것이었다. 그가 구약의 선지적 사역을 마무리하면서 예수님께 길을 비켜드리는 것은 매우 중요한 일이었다. 예수님께서는 모든 공표된 예언을 성취하시고 하나님의 지상에서 실제 보이는 통치를 시작하실 것이었다. 세례 요한은 예수님께 바톤을 넘겨드렸고, 또한 예수님은 우리에게 바톤을 넘겨 주셔서 우리가 흥하도록 하셨다.

. 우리의 이와 같은 가치관과 자아에 대한 혼란은 부흥이 일어날 때 가장 심각할 수 있다. 왜냐하면, 성령충만은 우리에게 항상 우리의 죄

성을 깨닫게 하기 때문이다. 가장 훌륭한 고백과 회개가 담긴 찬양곡들은 바로 이러한 때에 씌어졌다. 그러나, 우리의 죄와 우리의 무가치함이 드러나는 것은 방정식의 반쪽일 뿐이다. 대부분의 부흥은 이 단계를 벗어나지 못하는 경우가 많고, 하나님의 역사하심을 우리의 삶의 방식이 되게 하기까지 지속하지 못한다. 괄목할 만한 무언가를 부정적인 것 위에 이룩하는 것은 어렵다.

그 방정식의 다른 반쪽은 그분이 우리를 대신해 얼마나 거룩하신지 그리고, 그 결과로써 우리는 어떤 존재인지이다. 이것을 깨달을 때에 우리의 자아상은 비로소 믿음으로 구원받은 그 목적을 받아들이게 되는 것이다. 어느 선에서 우리는 '은혜로 구원받은 죄인들'의 신분을 넘어서야 한다. 우리가 그리스도 안에서 자신의 자리에 맞는 삶을 살기를 배움에 따라 역사 중 가장 훌륭한 자산을 생산해 낼 수 있을 것이다.

교회사 전반적으로 사람들은 하나님께서 주신 은사, 재주, 그리고 소원함을 "그리스도께 헌신한다"는 명목으로 빼앗겨 버렸다. 이렇게 빼앗겨 버린 형태의 기독교는 사역으로부터 믿는 자들을 빠져 나가게 하고, '사역자'라 불리는 특정한 계층의 사람들에게 이 특권을 모두 주어버리게 한다. 평범한 신자의 역할은 공적인 사역의 영역에 있는 사람들에게 경제적, 감정적 뒷받침을 해주는 일로 축소되어 버렸다. 성취된 꿈과 소원함 없이 일하는 것은, 목적 없는 기계적 삶을 높이 사고 이것을 심지어 고난이라 칭하는 종교적 영과 결탁하는 것이다.

사역을 장려하기 위해 헌금하는 영광을 가볍게 여겨서는 안 되겠지만, 이 부분을 강조하는 것이 개개인이 하나님께서 허락하신 꿈과 소원함을 통해 복음을 창의적으로 표현하는 영역을 희생시키는 결과를 불러와서는 안 될 것이다.

아버지처럼, 아들과 딸처럼

우리 하나님 아버지는 모든 것의 창조주이시며, 모든 은사의 제공자이시다. 하나님의 자녀들은 그분의 형상을 지녀야 하며, 이것은 창의적이어야 한다는 것을 뜻한다. 불신자들이 발명과 예술적인 표현을 이끌어 간다면, 그것은 교회가 거짓 영성을 받아들이고 있기 때문이다. 이는 하나님 나라의 사고방식이 아니다. 하나님 나라의 사고방식은 마음이 새롭게 되는 것이다.[1] 새로워진 마음은, 성경적으로 증거하기 위해서는 하나님의 통치가 세상 모든 영역에서 실현되어야 한다는 것을 이해한다.

하나님 나라의 관점을 가진 자는 감당하기 어려운 세상의 필요를 보며 이렇게 말한다. "하나님께서는 이 문제에 대한 답을 가지고 계신 걸. 그리고, 나는 그분의 신비한 영역에 들어갈 수 있는 합법적인 권리가 있어. 그러니까 나는 그분을 찾아서 답을 발견할 거야." 하나님 나라의 관점을 가지면 우리는 요셉과 다니엘이 당대의 왕들에게 답한 것처럼 똑같이 답하게 된다.

자유롭게 하나님과 꿈꾸기 위해서 우리는 동역자가 되어야 한다.

참된 신자의 소원함은 결코 하나님으로부터 떨어져 있지 않다. 그 목적은 마치 하나님께 우리가 무언가 해드려야 하듯 하나님의 사고방식을 바꾸려는 것이 아니다. 반대로, 목적은 하나님을 더 잘 대변하는 것이다. 하나님의 마음을 본능적으로, 또 정확하게 펼쳐 보이려면, 하나님의 열정적인 참 연인이 되어야 한다. 그분의 마음은 모든 이를 구속하는 것이며, 자신의 선하심을 보여 주기 위해 사용하시는 도구는 엄청나게 다양하고, 이 도구들은 한 영혼 한 영혼의 마음속 깊은 필요를 채워 주게 된다. 오직 신적인 지혜만이 이 도전을 받아들일 수 있다.

이 세상을 향한 하나님의 꿈을 배우는 것은 우리의 시작점이다. 꿈꾸는 것은 값비싼 대가를 요구할 수 있다. 인간을 구원하고자 하시는 하나님의 꿈이 자신의 아들의 생명을 버리는 값을 치르게 한 것을 우리는 잘 알고 있다. 그러나 한편으로, 하나님의 꿈 안에서 그분과 협력하는 것은 그분처럼 꿈꿀 수 있는 능력을 우리 안에 풀어 줄 것이다.

지혜는 창조한다

지혜와 창조성은 성경의 주제들과 연관성이 있다. 창조성은 우수함과 도덕성 안에서 볼 수 있는 지혜이다. 지혜는 잠언서 8장에 의인화되어 있으며, 하나님께서 모든 것을 창조하셨을 때 하나님과 동반

자였다. 그러므로, 지혜와 창의성은 믿는 자들의 생각 속에서 분리될 수 없다. 이 둘은 잃어버린 영혼들에게 효과적인 증거자가 되는 우리의 과제를 달성하기 위해 필요한 핵심적인 도구이다. 지혜가 바로 세상에서 우리의 역할을 그들에게 매력 있게 만드는 것이다. 대부분의 그리스도인들이 지혜를 가치 있게 여기는 반면, 하나님이 주신 사명 안에서 창의력의 역할에 대해서는 같은 가치를 두지 못하고 있다. 그러나, 지혜의 존재를 묘사하는 것이 창의력인 것이다. "지혜는 자기의 모든 자녀로 인하여 옳다함을 얻느니라"(눅 7:35 NASB).

창조가 이루어진 엿새 동안 상상할 수 있는 가장 훌륭한 지혜와 예술의 펼쳐짐을 보았다. 하나님이 말씀하시자 세상은 만들어졌다. 지혜가 창조의 경계를 정함에 따라 빛과 아름다움, 소리와 색깔이 막힘없이 흘러내렸다. 초자연적인 지혜로 알려진 솔로몬은 지혜가 그날에 동역한 영향에 대해 이렇게 말한다.

바다의 경계를 정하시고, 물이 그분의 명을 거스르지 못하게 하시고, 땅의 기초를 세우셨을 때에, 나는 그분 곁에서 창조의 명공이 되어, 날마다 그분을 즐겁게 해드리고, 나 또한 그분 앞에서 늘 기뻐하였다.

그분이 지으신 땅을 즐거워하며, 그분이 지으신 사람들을 내 기쁨으로 삼았다(잠언 8:29-31 표준새번역).

지혜는 예술가의 타이틀인 '명공'을 부여받는다. 더 힘있는 문장을 보라. "나 또한 그분 앞에서 늘 기뻐하였다." "그분이 지으신 사람들을 내 기쁨으로 삼았다." 지혜는 흔히 생각하는 것처럼 금욕주의가 아니다. 지혜는 기뻐마지 않는다. 그것은 축하하는 성격을 가졌으며, 창조하는 행위에서 만족을 찾는다. 그러나 그것의 가장 큰 기쁨은 바로 우리이다! 그것은 인간과 완벽한 동반관계를 찾았다. 우리는 지혜와 동역하기 위해 태어났다. 그 안에 거하고, 또한 그것을 창의적인 표현으로 나타내기 위해.

지혜, 예술의 대가

성경에서 최초로 성령으로 충만해진 자는 브살렐이었다. 그는 모세를 위해 건축 프로젝트를 지휘하도록 부름받았다. 그의 과제는 하나님께 집을 지어드려 그분의 백성 중에 거하시도록 하는 것이었다. 하나님께서는 자신이 어떤 집을 원하시는지 계시해 주셨지만, 그것을 '어떻게' 해내야 하는지를 알기 위해서는 특별한 지혜의 은사를 필요로 했다. 이때 나타난 자가 브살렐이었다. 그에게는 초자연적인 지혜가 주어져서 탁월한 예술성으로 그 임무를 수행해 낼 수 있었다. 지혜가 바로 그에게 과제가 맡겨질 수 있는 자격을 주었고, 지혜가 또한 명공, 또는 예술의 대가로서 하나님의 마음에 있는 것을 디자인하고 건축할 수 있게 능력을 부여했다.

다음 구절들 중 굵은 글씨들을 눈여겨 보라. 그것들이 성령충만의 원인과 결과이다.

하나님의 영을 그에게 충만하게 하여 **지혜와 총명과 지식과 여러 가지 재주**로 정교한 일을 연구하여 금과 은과 놋으로 만들게 하며 보석을 깎아 물리며 여러 가지 기술로 나무를 새겨 만들게 하리라(출애굽기 31:3-5 개역개정)

그에게 하나님의 영을 가득하게 하시고, **지혜와 총명과 지식과 온갖 기술**을 갖추게 하셨다. 그래서 그는 여러 가지를 생각해 내어, 그 생각해 낸 것을 금과 은과 놋으로 만들고, 온갖 기술을 발휘하여, 보석을 깎아 물리는 일과, 나무를 조각하는 일을 하게 하셨다. 또한 주께서는 그와 단 지파 사람 아히사막의 아들 오홀리압에게는, 남을 가르치는 능력도 주셨다. 주께서는 그들에게 기술을 넘치도록 주시어, 온갖 조각하는 일과 도안하는 일을 할 수 있게 하시고, 청색 실과 자주색 실과 홍색 실과 가는 모시 실로 수를 놓아 짜는 일과 같은 모든 일을 할 수 있게 하시고, 여러 가지를 고안하게 하셨다(출애굽기 31:3-5 표준 새번역)

도안하는 일, 우수함, 그리고 온갖 기술은 지혜의 특성 중 몇 가지일 뿐이다. 이는 모세의 시절에 성령충만이 어떤 모습이었는지를 나타낸다. 신약은 이 외에 능력의 요소를 더 추가하는데, 이것은 모든 믿는 자들에게 성령의 쏟아부어짐을 통해 기적의 영역에 진입할 수 있게 되었기 때문이다. 이 새로운 강조점은 이 주제를 향한 본래의 계시를 철폐하지 않으며, 오히려 그 계시들을 기초로 삼아 더 쌓아 나가도록 한다. 이 두 가지를 합한다면, 우리는 지혜 안에 살며, 세상의 필요에 실제적으로 공헌하고, 십자가의 공급을 통해 삶의 불가능한 일들에 도전하고, 기사와 표적과 기적의 초자연적인 것들을 나타냄으로써 해결책을 가져다 주는 신자들이 되는 것이다. 아마도 이 두 가지가 쌍두마차처럼 함께 갈 때, 이를 균형 있는 그리스도인의 삶이라 간주할 수 있을 것이다.

예술의 전쟁

내가 눈을 들어 본즉 네 개의 뿔이 보이기로 이에 내게 말하는 천사에게 묻되 이들이 무엇이니이까 하니 내게 대답하되 이들은 유다와 이스라엘과 예루살렘을 흩뜨린 뿔이니라 그 때에 여호와께서 대장장이 네 명을 내게 보이시기로 내가 말하되 그들이 무엇하러 왔나이까 하니 대답하여 이르시되 그 뿔들이 유다를 흩뜨려서 사람들이 능히 머리를 들지 못하게 하니 이 대장장이들이 와서 그것들을 두렵게 하고 이전의 뿔들을 들어 유다 땅을 흩뜨린 여러 나라의 뿔들을 떨어뜨리려 하느니라 하시더라 (슥 1:18-21)

이것은 성경 안에서 경종을 울리는 구절 중 하나이다. 영적 전쟁에 대해 묘사하기 때문이 아니라, 하나님의 승리의 도구들이 대부분 오늘날 우리에게 상식적으로 알려져 있지 않기 때문이다.

이 구절들에서 하나님의 백성들은 학대하는 권위자들과 권력자들(뿔들)에게 공격당하고 흩어진다. 소망 없음이 그 날의 테마이며, 하나님께서 함께하신다는 확신이 가장 약해져 있을 때이다.

지혜의 하나님께서 하나님의 백성을 종말의 계획으로 깨울 진리를 조명해 주신다. 하나님은 군사를 보내어 견고한 진들을 무너뜨리게 하신다. 누가 그분의 군사인가? 공인들이다! 하나님께서 찬양대를 전쟁에 최초로 내보내신 이후,[2] 이처럼 기이한 군사작전은 없었다. 이것은 오직 지혜만이 고안해 낼 수 있는 계획인 것이다.

창의력이 하나님의 백성의 정상적인 표현일 때, 그분을 반대하는 자들에게 무슨 일인가 벌어진다. 그 적들은 낙담하고 만다. 마귀 자신은 창의력이고 뭐고 없다. 그가 할 수 있는 일이란 오직 하나님께서 창조하신 것을 왜곡시키고 일그러지게 하는 것뿐이다. 하나님은 그분이 하시는 일로 익히 알려져 있다. 그분의 일이 그분의 자녀들을 통해 흐르게 되면, 그 자녀들의 자아가 밝히 드러나게 된다. 그리고, 이 땅에 하나님의 성품에 대한 피할 수 없는 계시가 나타나게된다. 그분은 볼 수 있는 눈을 가진 자들에게는 거부할 수 없는 존재이시다.

네 명의 대장장이들은 그분의 백성들을 흐트려뜨리려고 했던 네 개의 뿔에 대한 하나님의 해답이었다. 기술적인 지혜(예술적인 표현)

에 헌신된 자들은 학대하는 권력의 견고한 진들을 무너뜨릴 것이다. 군사적인 면에서 압도할 뿐만 아니라 초자연적이고 모조품 같은 권세들을 핵심적인 부분부터 공포에 떨게 할 것이다! 이것이 공교한 지혜로 세상의 체계를 파고들어가는 하나님의 마지막 날의 전략에 합류하는 사명이요 또한 그 결과이다. 위로부터 오는 지혜.

명공들은 단순히 나무공예가나 화가가 아니다. 그 칭호도 배우나 음악가에게만 주어지는 것이 아니다. 하나님께서 주신 과제를 우수함, 창의력, 그리고 양심적으로 하는 모든 사람이 성경적으로 볼 때 명공이라 할 수 있을 것이다. 학교 교사나 사업가들, 의사나 법률가, 그리고 자신의 은사들을 하나님의 목적에 내어드린 모든 이들이 신적인 지혜를 펼칠 필요가 있는 것이다. 우리를 둘러싼 반대세력이 대단하게 보이기도 하지만, 그것이 하나님의 백성들이 이 큰 전쟁에서 크나큰 무기를 휘두르는 것을 막을 수는 없다. 가정주부로부터 뇌 전문의까지, 설교자부터 교수까지, 우리가 지혜로 스바의 여왕에게 알려질 때까지 하나님의 성령으로 충만해야 하는 것이다(왕상 10:1-10 참조). 스바 여왕은 단지 그 뛰어난 지혜를 볼 요량으로 먼 거리를 여행했다. 성경은 마지막 날에 열방이 우리에게 주님의 말씀을 가르쳐 달라 하며 그분의 거룩한 나라에 오게 될 것을 이야기하고 있다(미 4:1-2 참조). 우리가 그분의 지혜를 펼쳐보이도록 성령충만한 것을 보는 그들의 반응이 바로 이러할까? 충분히 가능하다고 생각한다.

지혜의 본질

세상의 지혜에 대한 정의는 무언가 얻어 내고, 그 지식을 사용하는 데 집중되어 있다. 잘못된 것이 아니라, 단지 잘못 이해하고 있을 뿐이다. 교회는 세상의 불완전한 정의를 받아들이며 영혼 없는 지혜를 추구하게 되었다. 성경적 지혜는 이를 하나님의 관점으로 보며, 이것을 하나님의 창의적인 표현이고, 매일 생활의 문제에 실제적인 해답을 주는 것이다.

예수님 외에 인간 중 역사적으로 가장 현명한 인물은 솔로몬이었다. 그는 당대 모든 이들의 관심이 집중된 사람이다. 사람들은 그의 은사에 경의로워했다. 다른 나라의 왕족들은 그의 은사에 매일같이 노출되는 특권을 가진 그의 시종들을 부러워했다. 지혜가 없는 왕이 되기보다 지혜가 존재하는 곳에 있는 종이 나은 것이다. 스바의 여왕은 지혜가 의복, 건축물과 같은 단순한 것들에 영향 미치는 것을 놀라워했다. 그녀의 관점을 한번 살펴보자.[3]

> 스바의 여왕은, 솔로몬이 온갖 지혜를 갖추고 있는 것을 확인하고, 그가 지은 궁전을 두루 살펴보고, 또 왕의 상에 오른 요리와, 신하들이 둘러앉은 모습과, 그의 관리들이 일하는 모습과, 그들이 입은 제복과, 술잔을 받들어 올리는 시종들과, 그들이 입은 제복과, 주의 성전에서 드리는 번제물을 보고 나서 넋을 잃었다(역하 9:3-4 표준새번역).

솔로몬의 은사의 영향은 이스라엘의 역사상 최대의 태평과 번영의 시대를 가져왔다. 한 사람의 지혜를 통해 한 나라가 바뀌는 것이다. 만일 하나님께서 주신 이 기회를 몇 백만 명이 함께 끌어 안는다면 어떤 일이 벌어질 것인가? 현재 멸시당하는 교회가 경외감을 되찾고, 사람들이 우러러 볼 것이다. 교회가 다시금 지상에서 찬송이 될 것이다(렘 33:9 참조).

지혜가 나타나는 방법은 여러 가지이다. 그러나 전에 말한 것처럼, 그 본질은 세 마디로 볼 수 있다. 도덕성, 창의력, 그리고 우수함이다. 신적인 지혜는 도덕성에서 나오며, 창의적인 표현을 통해 우수함의 기준에 맞추어 나타나는 것이다. 이 세 가지 표현 안에서 작동하고 있을 때에 우리는 신적인 지혜와 접촉하고 있는 것이다. 지혜의 이 세 가지 성질에 대해 살펴보자.

도덕성

1) 도덕적이고 윤리적인 원칙을 고수하다; 도덕적인 성품이 확고하다; 정직

2) 온전하고 전반적인, 또는 감소하지 않은 상태

3) 확고하고 손상되지 않은, 또는 완전한 상태

유사어―정직, 진리, 정직함, 명예로움, 진실성, 신뢰감, 올바름

도덕성은 하나님의 성품이 우리 안에서 드러나는 표현이다. 그리고 그 성품은 그분의 완전한 아름다움이다. 그분의 거룩함이다. 거룩

은 그분의 본성 중 핵심이고, 우리에게도 동일하다. 이는 그분이 하시거나 하시지 않는 것이 아니다. 바로 그분 자신이시다. 우리에게도 동일하다. 그분의 본성이 거룩하시기에 우리도 거룩한 것이다. 이는 하나님께 드려진 마음으로부터 시작해 그리스도의 본성이 우리를 통해 표현됨으로써 자명해지는 것이다.

창의력

1) 창의적인 상태, 또는 질
2) 전통적인 생각, 법칙, 방식, 관계 등을 뛰어 넘고, 의미 있는 새로운 생각, 형태, 방법, 해석 등을 창조하는 것; 독창성, 진보성, 또는 상상력.
3) 창의력을 사용하는 과정

   유사어 — 독창성, 상상력, 영감, 정교함, 발명, 자원이 풍부함, 창의적임, 비전

창의력은 예술의 온전한 회복 안에서만 보이는 것은 아니다. 이는 어떤 영향권 안에서든지, 새롭고 더 나은 방법을 찾는 중에 표현되는 그분의 백성들의 본성이다. 예상이 가능한 상투적인 방법 안에 제자리 걸음하면서 이를 '전통'이라 부르는 것은 부끄러운 일이다.

우리는 하나님 아버지께서 누구이신지를 창의적인 표현을 통해 나타내어야 한다. 문화적으로 우리는 주변의 문화와 같이 됨으로써 시대적 의미가 있게 되는 것이 아니라, 우리가 바로 주변의 문화가 되

기를 열망하는 모형이 될 때 그렇게 되는 것이다.

교회는 창의력을 자주 회피하는데, 이는 창의력이 변화를 요구하기 때문이다. 현실에서 변화를 거부하는 것은 하나님의 본성을 거부하는 것이다. "나 주는 변하지 않는다"(말 3:6 표준새번역)는 말은 하나님의 완전하시고 불변하는 속성을 가리키는 것이다. 그러나 그분은 항상 새로운 일을 하고 계신다. 변화의 바람이 불어올 때, 어떤 사람이 만족하고, 어떤 사람이 굶주렸는지 구별하기가 쉬울 것이다. 변화는 마음의 비밀을 드러낸다.

우수성

1) 우수한 상태 또는 그 사실; 뛰어남; 탁월함

2) 우수한 질 또는 특성

유사어 — 아름다움, 훌륭함, 빼어남, 구별됨, 고품질, 가치 있는

우수성은 우리가 하나님 안에서 누구인가, 또 우리 안의 그분이 누구이신지로 인해 개인적인 성취를 위해 높은 기준이 매겨지는 것을 의미한다. 이것은 완벽주의와는 다른 것이다. 완벽주의는 우수성의 잔인한 모조품이며 이는 종교의 영으로부터 흘러나온다.

우수성은 열정 없이는 불가능하다. 하나님을 향한 뛰어난 마음은 밖에 있는 다른 이들에게는 낭비처럼 보일 수 있다. 마태복음 26장 8절에는 일년치의 수당에 해당하는 향유를 예수님의 머리에 부은 마리아를 볼 수 있다. 그것을 팔아서 빈곤한 자에게 주었더라면 더 나았

지 않았을까 하고 제자들은 생각했다. 그러나, 마리아의 이러한 행위는 하나님께 너무나 중요해서 그분은 이 이야기가 복음이 전파되는 곳마다 함께 전해지기를 명하셨다(마 26:13 참조).

이와같이 다윗 왕은 자신을 사람들 앞에 낮추어 왕복을 벗어던지고 하나님 앞에 미친 사람처럼 춤추었을 때 낭비하는 것처럼 보였다(삼하 6:14-23). 그의 아내 미갈은 이것을 보고 다윗 왕을 업신여겼다. 그 결과로 그녀는, 불임 현상 때문인지 아니면 다윗 왕과의 부부생활의 결여에서든지, 죽는 날까지 자녀를 가질 수 없었다. 어떤 이유든지 여하튼, 자만심이 열매 맺는 것을 방해하고 진정한 탁월함을 추구하는 마음을 공격함에 따라 이것은 비극적인 손실이다. 그녀의 성경의 비문은 그녀를 다윗의 아내가 아닌, 사울의 딸로 기록하고 있다.

하나님을 향한 풍성한 마음을 거절함으로써 그녀는 하나님이 거절하신 사람들 중에 기록되었다.

그러나 다윗은 그가 손을 댄 모든 일을 통해 열매를 맺었다. 그는 하나님을 향해 아낌이 없었다. 이 덕목을 추구하는 데 있어 우리는 온 힘을 다해 하나님의 영광을 위해서 아낌없이 드리는 삶을 살아야 하는 것이다. 이것이 바로 뛰어난 마음인 것이다.

우리의 부적격을 무효화하는 것

많은 이들이 창의력을 예술과 음악의 범위로 한정하기 때문에 스스로를 부적격이라 생각한다. 그들은 각각의 사람들이 어느 정도는 창의력을 가지고 있으며, 이것이 삶을 통해 끊임없이 표현될 수 있다는 사실을 모르고 있다.

모든 다섯 살짜리들은 예술가이다. 이는 아이들이 가진 창조성을 말하는 것이다. 그러나, 이들이 초등학교를 가면서 뭔가가 일어난다. 교육 체계의 대부분이 창의력을 그림 그리거나 색칠하는 것에 한정하기 때문이다. 어린이들이 열 살 무렵이 되면 이러한 한정된 정의 때문에 예술가라 불릴 수 있는 이들은 거의 없다. 오늘날 하나님 나라를 향한 교사들은 진정한 지혜의 가치를 받아들여야 하고, '예술'이라는 전통의 상자 밖의 창의성을 어린이들이 계발하도록 도와주어야 한다. 개개인을 그의 영향권의 최전방에 나가도록 하는 것이 바로 이 신적인 지혜가 창의력을 통해 발휘되는 것이다.

또 다른 이들은 창의력을 무언가 새로운 것을 만들어 내거나 진기한 것을 만들어 내는 것으로 생각해서 스스로를 부적격이라 생각하는 경우가 있다. 현실 속에서는 대부분의 훌륭한 생각들이 다른 개념의 파생물인 경우가 많다. 수년 전, 나는 재즈 음반을 충동구매한 적이 있다. 그 음반을 축음기의 회전반에 올려놓으며 나는 어떤 신선하고 새로운 것을 기대했다. 그러나 나는 엄청나게 실망했다. 그 음반의 곡들은 어린 아이가 멜로디나 하모니, 규칙적인 리듬도 없이, 또 목적이나 방향도 없이 아무렇게나 피아노를 두드려 대는 것 같았다. 일년여 정도 지나 우연히 나는 같은 음악가가 쓴 잡지의 기사를 읽게 되었다. 그 잡지에 그는 자신이 다른 음악가에게 영향받지 않고 완전히 독창적인 것을 시도해 보았던 인생의 한 시기에 대해 묘사했다.

그는 이를 생애 중 어두운 시기로 간주했다. 내가 산 재즈 음반이 그의 어려운 시절의 나쁜 열매임이 분명했다. 그는 내게 창의성에 대해 중요한 교훈을 주는 말을 했다. 그는 "창의성은 다른 이들에게서 배운 것으로 돌아가서 그것을 창조하는 발판으로 삼는 것"이라고 말했다.

일상적인 품목이나 개념을 가지고 그 위에 새롭고 더 좋은 것을 짓는 것이 바로 지혜가 할 수 있는 일이다. 이것이 솔로몬이 한 일이다. 당대의 모든 왕들이 술 따르는 사람, 종들과, 연회용 테이블, 그리고 그들의 종들이 입는 귀한 옷이 있었다. 그러나, 매일의 삶 가운데 솔로몬의 지혜를 사용하는 어떤 면이 다른 모든 이들보다 뛰어나게 했다. 스바의 여왕은 솔로몬의 지혜로운 반응에 할 말을 잃었다. 이제는 교회가 다시 지혜를 펼쳐서 세상이 잠잠하도록 할 때가 되었다.

예술가 공동체에 종종 존재하는 잘못된 인식이 있다. 창의력은 반드시 고통을 통해서 온다는 것이다. 몇몇의 훌륭한 작품들이 인생의 문제가 많거나 최대의 비극을 겪은 사람들에게서 나온 것은 의심할 바가 없다. 현실적으로 인생의 진정한 우선순위를 보게 하는 자리로 이끌기 위해 충격이 필요할 때가 많다. 믿는 자는 그러한 경험이 필요 없다. 그리스도와 함께 우리의 낡은 자아를 못박은 것이 우리를 창의적인 영향력의 역할을 감당하게 하기 위해 필요한 유일한 비극이었다.

교회가 나타내다

> …이는 이제 교회로 말미암아 하늘에 있는 통치자들과 권세들에게 하나님의 각종 지혜를 알게 하려 하심이니 곧 영원부터 우리 주 그리스도 예수 안에서 예정하신 뜻대로 하신 것이라(엡 3:10-11)

교회는 분명한 과제를 갖고 있다. 다각적인 하나님의 지혜를 바로 지금 공개해야 하는 것이다! 이는 우리가 누구인지에 그리고 우리가 하는 모든 일에 전적으로 스며들어야 한다. 이 경시된 요소가 열방을 제자 삼으라는 우리 사명의 중심에 있다. 이것이 열방이 솔로몬의 지혜에 영향받은 것처럼, 사람들의 관심을 돌리게 하는 '증거함'의 일부분인 것이다. 영적인 세계는 보고 있는 것보다는 더 중요하게 이 보이는 것에 의해 영향을 받는다. 그들에게 그들의 패배와 우리의 승리, 그리고 하나님 아버지께 구속받은 자들을 향한 영원한 계획을 상기시켜야 한다. 그리스도와 함께 통치하는 우리의 영원한 목적을 분명히 명시하는 것이 우리가 지혜와 연결되었다는 것이다. 우리가 지혜 속에 있을 때, 지상에 천국의 현실을 반영하는 것이며, 하늘나라에 실제로 침노할 과녁을 제공하는 것이다. 마귀와 동의하는 것이 그에게 죽이고, 도적질하고, 멸하는 힘을 부여하는 것처럼, 하나님과 동의하는 것이 하나님으로 하여금 그분의 목적을 우리 안에서, 또 우리를 통해 우리 주위의 세상을 향해 성취되도록 하는 것이다.[4] 이것이 바로 하나님께서 인류를 만드셔서 그들에게 지상에서 그분의 대사가 되도록 하신 이유이다.[5]

개혁은 시작되었다. 그리고, 성령의 큰 움직임의 중심에는 하나님의 백성이 그들의 진정한 정체성과 목적을 발견하게 됨에 따라 완전한 변화가 있다. 큰 목적은 큰 희생을 요구한다. 오늘날까지 수많은 우리의 계획들이 실패했다. 복음을 좀더 사람들의 입맛에 맞게 하기 위한 우리의 노력들이 주변의 세상에 심각한 영향을 미쳤다. 세상은 그들이 경험할 수 있는 메시지를 원했다. 그러나 많은 믿는 자들이 복음을 단지 좀더 지적으로 매력 있게 만든 것이다. 이것은 멈춰야만 한다! 육에 속한 생각은 하나님의 성령의 일들을 받을 수 없다(고전 2:14 참조). 하나님의 지혜는 믿지 않는 사람들에게는 어리석음일 뿐이다. 세상에 구원하고, 변화시키고, 치유하는 능력의 메시지를 제공하기 위해 이제 우리가 다시 어리석게 보일 때가 왔다. 이것이 참된 진리이다. 그 자체만이 인간의 마음을 만족케 한다.

이태껏 사람들이 들은 적 없는 멜로디가 예수님께 무릎을 꿇고 삶을 드린 사람들에게 들릴 것이다. 음악가들은 천상의 소리를 듣고 이것을 재생해야 한다. 나에게는 훌륭한 찬양 리더인 친구가 있다. 그가 한 번은 천국에 들어올려져 자신이 작곡한 곡을 천사들이 부르는 것을 들은 적이 있다. 그가 기뻐하며 말했다. "아, 제 곡 중의 하나를 부르고 계시군요." 그러자 천사가 대답하기를, "아니오, 우리 곡 중 하나를 당신이 들을 수 있게 해 준 거예요."라고 했다.

기도 한 번으로 사람들이 사는 삶의 방식을 개혁적으로 뒤바꿔 놓을 비밀들이 있다. 지혜의 은사가 그들을 공동체 안에서 지대한 영향을 미치는 자리로 밀 수 있을 때, 사업가들은 매일 끊임없이 성공을 위해서 안간힘을 쓰고 있다. 정치가들은 어떻게 하면 선거 운동을 가장 잘할 수 있을지 컨설턴트들을 만나 알아보려고 한다. 하나님의 지혜가 너무나 신선하고 새로워서 그들의 선거인들에게 크게 이익을 얻게 할 것이다. 하나님의 신비한 영역에는 교육의 방법들이 숨겨져 있다. 하나님은 단지 백성들이 그 계시를 구할 것을 기다리고 계신다. 천국의 해답의 목록은 한계가 없다. 하나님은 누군가 묻기만을 기다리고 계신다.

믿음 안에 실패란 없다

많은 사람들이 자신의 꿈이 실패했기 때문에 낙담하고 있다. 고통과 좌절 때문에 그들은 믿는 자가 꿈꿀 권리가 있다는 것을 반대한다. "소망이 더디 이루어지면 그것이 마음을 상하게 하거니와…" 그러나 이 구절은 여기서 끝나지 않으며, 우리도 여기서 끝나면 안 되는 것이다. "…그러나 소원이 이루어지는 것은 곧 생명 나무니라"(잠 13:12 NASB).

여기에 더 높은 차원의 현실이 있다. 사람들이 꿈을 추구했지만 그것이 성취되는 것을 보지 못한다면, 그들은 다른 이들이 동일한 꿈을 갖고 그들이 찾던 돌파구를 찾을 수 있도록 길을 예비하는 것이다. 이렇게 편안하게 생각하는 사람은 많이 없겠지만, 이는 그 꿈이 모두 우리에 관한 것이라 우리가 주로 생각하기 때문이다. 믿음 안에서 실패는 없다.

이 지상에서 비극적인 상실이라고 하는 것이 천상에서는 전혀 다르게 간주된다. 천상에서 영광스럽게 생각되는 것이 지상에서는 불쌍히 여겨지거나 웃음거리가 되는 경우가 많다. 믿음의 표현으로 삶을 살려고 하면, 사람들은 그 결정이 얼마나 어리석은지 비판한다. 그 상실이 실제로 돌파구의 길을 닦아 주어 다른 사람이 그 꿈을 결국 이루어 내도록 밑거름이 되어 주었다는 것을 아는 사람은 별로 없다.

꿈을 이루는 데 실패한 사람은 다른 이들의 가는 길을 예비해 주었다는 것으로 위안을 삼을 수 있다. 이것이 세례 요한의 역할이었다. 그는 오실 자의 길을 예비했다. 역사를 통해 꿈이 이루어지지 않은 자들이 수없이 많다.

많은 이들이 자신들이 실패했다는 감당하기 어려운 결론으로 생을 마감했다. 우리는 실패에 그친 꿈의 시도가 종종 다른 이의 성공의 기반이 된다는 사실을 자각하지 못한 채 살아 왔다. 몇몇은 물을 주며, 다른 이들은 심고, 또 다른 이들은 거둔다. 우리는 모두 왕중왕이신 분이 더욱 영광을 받으시도록 자리를 예비하는 중요한 역할을 가지고 있다. 이는 모두 그분에 관한 것이지, 우리에 관한 것이 아니다.

자연계가 영계를 설명한다

1920년대에 맬로리라는 이름의 남자가 사상 최초로 에베레스트 등반 탐험대를 이끌었다. 그는 두 가지 목적으로 이 위업을 시도했는데, 양쪽 모두 실패했다. 그는 가장 훌륭한 대원들로 팀을 구성하고, 가장 뛰어난 장비를 마련하기 위해 노력했다. 그들은 특히 안전문제에 특별한 주의를 두었다. 그들의 노력에도 불구하고 비극이 닥쳐왔다. 그 탐험에서 맬로리를 포함한 여러 사람이 눈사태로 죽임을 당하고 겨우 몇몇만 살아 남았다.

그 팀이 영국으로 돌아왔을때, 그들에 대한 경의의 표시로 연회가 열렸다. 생존자들 중 리더가 참석자들의 박수에 답하기 위해 일어섰다. 그는 방 내부에 전시되어 있는 동지들의 사진들을 보았다. 눈물을 애써 삼키며 그는 맬로리와 그의 친구들을 대신해 산에 말했다. "에베레스트 산아, 살아 있는 그리고 아직 태어나지 않은 모든 용기 있는 자들의 이름으로 네게 말한다. 에베레스트 산, 너는 우리를 한 번, 두 번, 세 번 패배시켰다. 그러나, 에베레스트, 우리는 더욱 강성해질 수 있지만 너는 강성해지지 못하므로, 우리는 언젠가 너를 정복할 것이다!" 죽음과 실망이 그 탐험의 막을 내릴 수도 있었다. 하지만 그것은 미래의 성공을 위한 기반이 되었다.

작은 마귀

이 세상을 향한 하나님의 뜻에 산 같은 저항이 있다. 그들은 통치자들과 권세들과 이 어둠의 세상 주관자들과 하늘에 있는 악의 영들이다(엡 6:12).

그러나 마귀의 어둠의 영역은 더 이상 커질 수 없다. 그가 하나님께 반역했을 때, 마귀는 생명의 근원으로부터 끊어졌다. 마귀는 울부짖는 사자와 같이 돌아다니며, 시끄러운 소리로 위협하려고 한다. 그의 울부짖는 소리, 계속되는 나쁜 소식들은, 대단한 것 같은 착각을 일으키도록 고안되었다. 그러나 그렇지 않다.

지옥은 사탄이 지배하는 영역이 아니다. 그곳은 사탄이 사람들을 데리고 가서 영원토록 괴롭히는 곳이다. 그곳은 사탄과 그의 악령들이 영원히 괴롭힘을 당하도록 만들어진 곳이다. 악령의 노예인 자들은 동일한 멸망을 겪게 될 것이다.

한편, 악령들은 더 이상 만들어지고 있지 않다. 예수님 당시에 있었던 같은 수의 악령들이 오늘날도 지상을 배회하고 있지만, 인류의 수는 수억의 그리스도인을 포함해서 십억 단위로 증가했다. 그 외에, 우리는 성경을 통해 한 악령당 두 천사가 있다는 것을 알고 있다. 게다가 예수님께서 모든 권세를 가지고 있으며, 마귀는 아무것도 없다. 그 모든 것을 예수님께서 우리에게 넘겨 주셨다. 예수님의 큰 계획은 우리를 마귀에게서 구출하시려고 만들어진 것이 아니다. 그것은 지옥의 문이 진보하는 교회를 이기지 못하도록 하는 것이다(마 16:18 참조). 예수님의 권세는 우리가 유용하게 사용하기 위해 주어졌다. 모라비안들과 함께 이렇게 외치자. "어린 양을 위하여 그분의 고난의 상급을 얻자!"

신적인 지혜를 추구하는 우리의 소명은 신비하게 다가온다. 그것이 다음 장의 주제이다.

3장

신비의 가치

하나님께서는 우리로부터가 아니라,
우리를 위하여 숨기신다.

지적인 복음은 언제나 우리와 많이 닮은, 우리와 같은 크기의 하나님을 만들어 내는 위험을 안고 있다. 해답을 추구하는 것은 때로 신비를 거부하는 것으로 연결될 때가 있다. 그 결과로 신비는 종종 진짜 보물과 같다기보다 용납될 수 없는 것으로 취급받곤 한다. 신비와 함께 살아가는 것은 그리스도와 동행하는 우리의 특권이다. 그 중요성은 과대평가될 수 없다. 그리스도인의 삶에 오가는 모든 것을 이해할 수 있다면, 하위 그리스도인의 삶을 살고 있는 것이다. 믿음의 행보는 우리가 설명할 수 없는 신비 중에 받은 계시에 의해 사는 것이다. 그것이 바로 기독교가 믿음이라 불리는 까닭이다.

믿는 자들은 그들이 설명할 수 없는 것들에 대해 그들의 소명을 버리거나 흐리게 하는 때가 너무나 많다. 우리가 대답할 수 없는 것으로 인해 그분께서 우리에게 보여 주신 것을 깎아 내리도록 하는 것은 육적인 마음이다. 많은 사람들이 그들이 이해할 수 있는 것만 순종함으로써 하나님을 그들의 판단 대상으로 만든다. 하나님은 심판당하지 않으신다. 우리가 당할 뿐이다. 참된 십자가의 길은, 우리가 설명할 수 없는 가운데 모순이 있음에도 불구하고 계시가 임할 때마다 순종하는 것이다. 좋은 결과가 나올 것이 기대되는 때에만 따르는 것은 순종이 아니다. 순종은 값비싼 것이다. 그분이 우리에게 보여 주신 것을 받아들이고, 종종 답할 수 없는 질문 가운데 하시는 그분의 명령을 순종하는 것은 측량할 수 없는 영광이다. 불신의 문화 가운데서 신자를 믿는 것은 큰 특권이다.

주님의 다음과 같은 질문에 움직이지 않는 그리스도인은 없어야한다. "내가 다시 돌아올 때, 이 지상에서 믿음을 보겠느냐?" 나는 믿음으로 살며 그분의 기쁨이 될 것을 결단했다.

실족한 마음의 능력

예수님께서는 고향인 나사렛에서 사역할 때가 되었다고 느끼셨을 때 회당으로 가셨다. 예수님께서 사람들을 가르치기 시작하자, 사람들은 그분의 지혜에 매우 놀랐다. 그들은 또한 예수님께서 치유하시는 것을 보고 감탄했다. 그러나, 그들은 예수님이 자라나는 것을 지켜보았었고, 그분이 아는 사람인 것을 깨닫고는 스스로의 '논리'로 인해 불쾌해졌다. "이 사람은 예수잖아. 우리는 그의 형제 자매들을 알고 있어. 그는 여기서 자라지 않았는가! 이런 것들을 어떻게 그가 할 수 있지? 어디서 이 지혜를 얻은 거야?"[1] 그들은 전형적인 방식으로 실존한 것은 아니다. 그들의 감정은 상하지 않았으며, 쓴뿌리에 갇혀버린 것도 아니었다. 그들은 단지 보고 들은 바에 의해 올바로 추측해 결론에 도달하지 못했을 뿐이다. 예수는 기적을 일으키는 사람이었고, 대단한 지혜를 가진 자였다. 이것이 그들을 놀라움과 경이로움으로 채우지 못했다. 대신 이것이 그들의 마음을 굳어 버리게 했고 그분을 거부하게 했다.

풀리지 않는 질문이 그들 생각의 걸림돌이 되었고, 이는 기적을 일으키고, 권능으로 가르치시는 예수님의 기름부으심을 멈추게 할 만큼 강한 것이었다. 질문하는 것은 건강한 것이다. 하나님을 그 질문들의 포로가 되게 하는 것은 그렇지 않다. 이는 때로 오늘날 하나님의 능력이 일어나고 있지 않다고 하는 스스로의 예언을 성취케 하는 영계를 형성하기도 한다. 이것이 바로 그들을 가르치고자 하셨던 그 기름부음을 멈추게 하는 것이다.

이해를 못 하는 것은 괜찮다. 그러나 영성생활을 우리가 이해하는 선으로 한정짓는 것은 그렇지 않다. 이것은 미성숙함이다. 이러한 조종하는 영은 그리스도와 같은 성품을 계발하는 데 있어 파괴적인 것이다. 하나님은 믿음에 반응하시지만, 조정하려는 우리의 요구에는 양보하시지 않을 것이다.

성숙은 우리가 이해할 수 없는 것을 신앙의 핵심적인 표현으로 포용하는 것을 요구한다.

사람의 마음은, 이해하는 것 안에서만 그들의 신앙을 표현하는 것이 아니라 그들이 실족하지 않고 얼마나 끌어 안으려는지를 통해 분명히 알 수 있다.

귀머거리가 귀머거리 기도해 주기

나의 첫째 아들 에릭은 양쪽 귀의 청각이 85~90% 장애이다. 그는 삶을 향한 놀라운 은사를 지니고 있다. 그는 수화를 배울 필요가 없는 '듣는 세계'에서 훌륭하게 기능하고 있다. 그의 자존감은 장애에 영향받지 않고, 그가 생활에 적응함은 기적적이다. 그는 강인하고 그리스도 중심적인 우리 교회의 선교 목사이다.

몇년 전 나는 그의 치유를 위해 금식하고 기도하고 있었는데, 하나님께서 그를 고치시겠다고 분명히 말씀하셨다. 그것은 그리스도의 속죄에서 이미 일어났고, 나의 생애 가운데 일어날 것이다. 나는 이것을 언젠가 미래에 하나님께서 고치실 것이라고 취급하지 않는다. 그것을 지금 즉시의 의미로 본다. 그러나 나의 아들은 아직까지 보청기를 사용해야만 들을 수 있다.

그런데, 흥미로운 것은 청각장애가 치유받는 것은 우리 교회와 나의 집회에서 가장 흔히 보는 기적이다. 더욱 흥미로운 것은, 지난 두 달간 에릭이 청각장애인들에게 손을 얹어 기도했을 때 하나님께서 그들의 귀를 열어 주셨다는 것이다. 어떻게 그가 먼저 치유받지 않고 그런 일이 일어날 수 있단 말인가? 나는 알지 못한다. 내가 아는 것은, 겉에 보이는 모순에 실족한 우리 생각의 불쾌함이 이 기름부음을 멈추게 할 것이라는 것이다. 그건 결코 일어나기를 원치 않는 일이다. 에릭과 나는 우리가 이해하는 가운데 계속 살며, 하나님께서 온전히 신실하시고 측량할 수 없을 만큼 선하심을 알고, 우리가 함께 살도록 요구된 신비를 받아들일 것이다.

우리는 어떻게 배우는가

하나님께서 내게 처음으로 성경을 열어 주시던 때를 결코 잊지 못한다. 내가 읽고 있는 것의 풍성함에 심장이 뛰었다. 그러나 만일 나의 생명이 그에 의존되어 있다면 나는 그 특정한 구절들을 가르칠 수 없었을 것이다. 나의 영은 배우고 있었고, 나의 마음은 기다려야 했다. 마음은 신적인 만남과 말씀의 계시를 통해 시작된 초자연적인 경험을 통해 훈련된다. 신적인 만남으로 이어지지 않는 계시는 우리를 종교적으로 만들어, 내적인 현실 없이 외적인 기준만을 포용하도록 가르쳐 줄 뿐이다.

하나님께서는 마음(역자 주: 혼적인 면 또는 지력을 가리키는 의미이다)에 반대하는 분은 아니시다. 그분 자신이 마음을 창조하셔서 그분이 만드신 모든 것에 보완적 역할을 하도록 하셨다. 그분은 새로움을 입지 않은 마음에는 반대하신다. 그런 마음은 순종할 수 없으므로 하나님과 전쟁한다(롬 8:7 참조). 재생을 통해 그리스도인의 삶을 다스리는 자는 사도 바울이 경고했던 육적인 그리스도인이다(고전 2-3 참조). 혼은 권능 없이 형태만 갖춘 종교로밖에 우리를 인도하지 못한다.[2] 이것이 바로 이삭 대신 이스마엘을 탄생시키는 길이다.[3]

배움의 과정을 이해하는 것은 중요하다. 우리의 영은 성령이 계신 곳에 있다. 우리의 영은 생생히 살아 있고 하나님으로부터 훌륭한 것을 받을 준비가 되어 있다. 만일 모든 것을 지성(이성)을 통해 걸러 내고, 즉시 논리에 맞지 않는 것을 걷어 낸다면, 진짜로 필요한 것의 상당수를 뽑아서 버리는 것이 된다. 내가 이해할 수 있는 이상의 것만이 내 새로워진 이성 가운데 높여진다(빌 4:7 참조). 주님의 음성과 임재에 대해 좀더 잘 배울 수 있다면, 우리는 설명할 수 없는 것들에 의해 속을까 떨지 않아도 될 것이다. 주로 육적인 마음을 사용해 자신을 속임수로부터 보호하려는 사람들이 가장 속임수에 잘 넘어간다. 그들은 한정된 이성과 논리로 자신들을 지키려 하나, 그것 자체가 속임수이다. 그들은 주로 주님과 동행하는 삶에 대해 모든 설명을 다 갖고 있으며, 그것보다 더 원하는 자들은 비판한다.

우리의 내면(역자 주: 여기서는 이성, 감정, 의지를 모두 포함해 말한다)은 우리의 머리가 포용할 수 없는 것을 포용한다. 우리의 마음은 우리의 이성이 감히 도달할 수 없는 곳으로 우리를 이끌 것이다. 누구도 용기와 용맹을 지적인 영역이나 인간 논리의 힘에 기인한다고 말할 수 없을 것이다. 용기는 안으로부터 일어나며, 마음에 영향을 미친다. 동일하게, 진정한 믿음은 이성(지성)에 영향을 미친다. 믿음은 이해로부터 나오는 것은 아니다. 그것은 마음(심령)으로부터 나온다. 우리는 이해하기 때문에 믿는 것이 아니다. 믿기 때문에 이해하는 것이다(히 11:6 참조). 우리의 지성이 참으로 새로움을 입었을 때 불가능한 일도 논리적으로 보여서 이것을 이해하게 될 것이다.

신비 — 지성을 위한 십자가

우리가 이해하지 못하는 것이 때로 이해할 수 있는 것만큼 중요하다. 그분이 우리에게 어떤 것에 대해 이해할 수 있도록 하신 것을 순종하는 경우가 있고, 우리가 이해할 수 없는 질문과 상황 속에서도 순종하는 경우가 있다. 많은 수의 사람들이 이 부분에서 실패하고 그런 다음 성경을 자신의 경험의 수준으로 끌어내린다. 자신이 타협하며 살고 있다는 사실에 대해 위안을 삼기 위해 많은 이들이 그렇게 하는 것이다. 성경으로부터 받은 계시를 타협시키는 것. 우리의 도전은 삶의 스타일을 하나님 말씀의 수준까지 끌어올리는 것이다.

한 손으로 계시[4]를 끌어안고, 다른 손으로 신비를 끌어안으면, 이것은 완벽한 십자가를 형성하게 된다. 이것이 바로 예수님의 사역에 굶주려 하는 모든 이가 짊어져야 할 십자가인 것이다. 하나님께서는 우리의 논리를 범하심으로써 우리를 논리에 의존하는 기만으로부터 빠져 나오도록 초정하신다.

하나님께서는 찾을 것을 숨기신다

나의 자녀들이 어렸을 때, 부활절이 오면 우리는 그 아이들이 찾을 수 있도록 달걀을 숨겼다. 이 수색의 난이도는 그 아이의 나이와 능력에 따라 정해졌다. 우리는 밖에 나가서 3피트의 구멍을 파고 초콜릿 달걀을 숨겨 놓고 두 살짜리가 그것을 찾기를 바라지 않았다. 우리의 자녀들이 어렸을 때에는 식탁 위에 또는 의자에 달걀을 두었다. 아이들이 자라나면서 우리는 달걀을 찾기 어렵게 만들어야 했지만, 결코 불가능하게 만들지는 않았다. 부모들은 자녀가 호기심을 가지는 것을 즐겁게 생각하고, 그들이 발견의 과정을 즐기는 것을 보기 원한다. 어린 이들은 찾아다니는 즐거움을 만끽하며, 찾아다니고 발견하는 과정에서 그들의 부모들이 즐거워하는 것을 떠들썩하게 즐긴다. "…찾으라 그리하면 찾을 것이요…"(마 7:7). 이 호기심과 발견하는 즐거움은 "먼저 그 나라를 구하라"(마 6:33)는 말씀과 "하나님의 나라를 어린 아이와 같이 받아들이는"(눅 18:17) 것의 일부분인 것이다.

일을 숨기는 것은 하나님의 영화요 일을 살피는 것은 왕의 영화니라 (잠 25:2)

사람들은 하나님께서 왜 더 열린 방법으로 말씀하시지 않는지 궁금해 한다. 실제로 귀에 들리고, 눈에 보이는 표시로, 또는 이와 같은 다른 방법으로. 나는 어떻게 또는 왜 이렇게 하시는지는 모르지만, 성경은 하나님께서 명백하게 하시는 것보다 숨기실 때 더 많은 영광을 받으신다고 되어 있다. 숨기고 우리로 구하게 하는 것이 하나님께 더 영광된다.

종자와 씨뿌리는 자의 비유의 서문에서 나는 예수님께서 비유를 단지 묘사하기 위해서만 사용하시는 게 아니고, 때로 진리를 숨기는 것이 오직 굶주린 자들만 이해하도록 행하셨다는 것을 발견했다(마 13:11, 18-23 참조). 진리에 굶주려 하지 않는 자들에게 계시를 숨기시는 것은 하나님의 자비이다. 이는 그들이 굶주리지 않았다면, 그것을 듣고도 순종하지 않을 것이 뻔하기 때문이다. 계시는 항상 책임을 불러오며, 굶주림이 우리의 내면을 준비시켜서 그 책임의 무게를 감당하게 하는 역할을 하기 때문이다. 굶주리지 않은 자들로부터 계시를 감추어서 하나님께서는 그들이 짊어지게 될 책임으로부터 그들을 보호해 주시는 것이다. 그래서 그분은 감추신다. 그분은 우리로부터 감추시지 않고, 우리를 위해 감추신다!

그러나, 여기 또다른 질문거리가 있다. "그것을 발견하는 것이 왕들의 영광이다"! 우리는 하나님께 왕이요, 제사장이다(계 1:6 참조). 우리가 숨겨진 것을 찾아 낼 법적인 권리가 있음을 확신하며 추구할 때만큼 우리의 왕족의 정체성이 빛나는 적은 없을 것이다. 신비는 우리의 상속물이다. 그리스도와 함께 통치하고 다스리는 역할인 우리의 왕권은,[5] 우리가 세상에 있는 진퇴양난의 상황에 대한 해답을 위해 그분을 찾을 때 가장 두드러지는 것이다.

예수께서 말씀하셨다. "천국의 비밀을 아는 것이 너희에게는 허락되었으나 그들에게는 아니되었나니"(마 13:11 NASB). 믿는 자들로서 우리는 하나님의 신비의 영역에 합법적으로 접근할 수 있는 권리가 있다. 간단한 것이다. 숨겨진 것들은 믿는 자들이 발견하기를 기다리고 있다. 그것은 상속물로서 우리의 것이다.

긴장 속에 버티는 진리

종말론은 이 세상의 형편이 점점 더 나빠질 것이라고 예견하는데,

교회가 삶의 문제에 해답을 준다고 상상하기는 어렵다. 또한, 이 세상의 어두움이 그리스도의 재림의 신호임을 믿을 때, 우리는 실제적인 비전을 궁극적으로 희생시키는 갈등이 있는 것이다. 세상의 체계를 정복하고 변화시키는. 언제 또는 어떻게 그리스도께서 재림하실지에 대해 주장하는 것이 나의 의도는 아니다. 내가 말하고자 하는 것은 불분명한 것에 대한 억측이 분명한 것에 대해 우리를 경직되게 할 수 있다는 것이다.[6] 예언서의 유형과 예표가 무슨 뜻인지 안다고 가정한다면, 그것이 주님의 분명한 명령을 이해하는 데 올바른 영향을 줄 것이다. 그분이 언제 그리고 어떻게 재림하시는지를 틀리게 해석하는 것은 우리가 지상대명령을 완수하는 것을 방해하게 될 것이다.

예수님은 그 머리와 몸의 비율이 맞는 흠 없는 신부를 위해 돌아오실 것이다. 하나님 아버지만이 그 때가 언제인지 아신다. 우리는 모른다. 우리는 "나라이 임하옵시며, 뜻이 하늘에서 이루어진 것 같이 땅에서도 이루어지이다"가 현실이 되도록 모든 노력을 다해야 한다. 그분의 재림에 대한 믿음이 세상의 어두움에 근거해 있다면, 나는 세상을 바꾸기 위해 별로 노력하지 않을 것이다. 우리는 물론 개종자들을 얻으려고 노력할 것이지만, 지상의 문제에 대한 해답을 얻어 주려는 것은 우선순위가 아닐 것이다. 그러나, 이것이 바로 오늘날 왕들의 마음을 돌리게 하는 실용적인 도구인 것이다(잠 22:29 참조).

우리의 소명은 분명하다. 우리는 열방을 제자삼아야 한다! 그리고 이 불가능해 보이는 것을 가능케 하기 위해서 그분은, 열방을 향한 소원함이라는 것을 우리 안에 두셨다. 그분에 관한 계시는 우리가 그분의 몸된 자이므로 결국 우리에 대한 계시이다. 그분의 형상을 따라 만들어진 우리는 그분의 크심을 우리 주변의 세상에 반영할 책임과 특권을 가졌다. 열방은 세상의 문제들에 대한 해답을 찾아줄 사람들을 찾고 있다.

한나의 신비

한나는 기적 외에는 자식을 낳을 수 없는 불임 상태였다. 육적인 사람에게는 잔인하게 들릴지 모르지만 하나님께서는 불임의 문제를 통해서 그녀의 최고의 성공을 가져오셨다. 불임 가운데 한나는 간절한 마음을 가지게 되었다. 약속의 목적은 우리로 하여금 전략을 짜게 하고 계획을 만들게 하려는 것이 아니고, 대신 우리로 하려금 하나님이 나타나시기를 간절하게 기다리게 하려는 것이다. 이는 어떤 영역이든 불임이 있는 곳에 뛰어남으로의 초대가 있다는 것이다. 한나는 그녀의 천명을 성취하는 데 동역자가 되었던 것이다. 솔로몬은 이렇게 말한다. "처음에 속히 잡은 산업은 마침내 복이 되지 아니하느니라"(잠 20:21 NASB). 모든 것이 우리에게 쉽게 오지 않고, 또 그래서도 안 된다. 우리를 위해 숨기시는 하나님께서 그분의 나라를 또한 우리에게 상속물로 주신다. 이스라엘은 약속의 땅을 받았지만, 야

수들이 너무 많아지지 않게 그 땅이 서서히 온다고 했다. 그분의 약속은 모든 것을 포함한다. 그분의 약속은 '예'와 아멘인 것이다!(고후 1:20 참조). 십자가의 구속으로 모든 것이 덮였지만, 때로 우리의 동역하는 노력으로 그것이 서서히 얻어진다.

이것이 나의 기적을 찾는 모험에 있어서 훌륭한 개인적인 교훈이 되었다. 마리오 무릴로는 내 삶 가운데 부흥 사역자의 열정을 불어넣은 사람이다. 거의 20년 전에 나는 그에게 열매 없이 이론만 알고 있는 나의 답답함을 이야기하며, 기적의 삶에 대해 물은 적이 있다. 여러 번 시도했음에도 불구하고 나는 한 번도 누가 병 고침 받는 것을 목격한 일이 없었다. 그는 내 생애 받았던 강력한 예언들 가운데 한마디로 나를 격려했다. 그는 기적을 내 삶의 일상적인 한 부분으로 만드실 것이라는 주님의 의도를 말해 주었다. 수년 동안 나는 그 약속을 붙잡고 기도했다. 최근에 나는 수천여 명의 사람들이 고침 받는 것을 보고 있다.

마리오와 그의 아내 미셸은 근래 우리집에 점심식사를 하려고 왔었다. 나는 그가 1988년에 내게 했던 예언의 말씀을 그에게 보여 주었다. 나는 그렇게 해서 그의 격려에 대한 감사의 표현을 하고 싶었다. 그는 한나의 이야기와 그녀의 닫혀진 태의 이야기를 했다. 그는 하나님께서 기적의 영역을 닫아 놓으셨는데, 이는 나를 벌주시기한 게 아니고, 내가 돌파를 경험한 후에 그것을 내 삶의 스타일로 유지하게 할 간절함으로 이끌기 위한 것이라고 했다. 그것은 길고 고통스러운 배움이었다. 그렇지만 나는 그것을 얻었다. 그리고 나는 내가 진실로 이해한다고 생각한다.

마리아의 신비

예수님의 어머니였던 마리아는 가장 알아볼 만한 신비와 함께 살았다. 예수님은 부흥이 인간화하신 분이므로 누구보다 그녀는 부흥을 더 잘 간직하고 있었다. 마리아에게는 말과 경험으로 궁극적인 신비가 주어졌다.

마리아는 천사 가브리엘이 선포한 대로 아기 예수를 낳았다. 예수님의 목적과 신성을 알아보는 사람들이 말한 것들을 그녀는 마음에 담고 생각했다. 이 이야기 속에서 '것들'이라는 단어는 원어로 보면 '레마'인데 하나님으로부터 새로이 되어진 말씀이라는 뜻이다. 그녀는 이해하지 못했음에도 불구하고 하나님으로부터 말씀되어진 것들을 마음에 품고 생각했다. 그녀가 마음에 품고 생각한 것들은 그 뿌리들이 확립되게 했고 말씀이 자라서 그 약속이 눈에 보이는 현실로 나타날 때까지 자리를 마련해 주었다. 하나님의 말씀은 내어드린 자의 심령 속에서 자라난다.

그녀의 신비와의 만남은 다음과 같이 요약될 수 있다.

1. 어린 소녀로서 마리아는 가브리엘 천사와 대면했다.

2. 가브리엘은 마리아에게 이해할 수 없는 말씀을 주었다. 그녀는
   동정녀로 남은 채로 메시야를 낳았다. 성경적으로 전례없는 경
   험이다.

3. 그녀는 다음과 같이 말하며 이해를 초월하는 것을 향해 자신을
   내어놓았다. "말씀대로 내게 이루어지이다."

4. 마리아는 "하나님께서 잉태케 하셨다"는 소식 때문에 그녀의
   정혼자 요셉을 거의 잃을 뻔했다. 천사가 요셉에게 그것이 사실
   이라는 것을 납득시키기 위해 나타나 이렇게 그들의 결혼을 유
   지했다.

5. 그녀는 궁극적 부흥의 영향 아래 현상을 일으키기 시작했다. 바
   로 예수님이었다(잉태/부흥의 현실은 숨길 수 있는 한계가 있다).

6. 그녀의 아들이 메시야라는 것을 아는 자들은 그분의 위대함에
   대해 자주 말하곤 했다. 그녀는 그들이 말한 것들을 마음속에
   품고 생각해 이번에는 약속으로 다시 잉태했다.

핵심적으로, 마리아의 영광된 이야기는 하나님의 약속의 말씀으
로 우리가 잉태할 때마다 반복된다. 그리스도는 그분의 백성들 안에
서 지금도 형성되고 계신다. 이 영적인 현실은 마리아가 육적으로 경
험한 것보다 하위 취급을 받아서는 안 된다. 마리아를 경멸하고자 하
는 생각은 추호도 없다. 그녀는 '하나님께 크게 은혜입은 자'로서 영

원히 남게 될 것이다. 나는 그저 각 사람의 심령 속에서 하시는 성령의 역사에 대한 경외심을 더 크게 하고 싶을 따름이다.

이미 임했으나 아직 완성되지 않은 하나님 나라

내가 20년 전 처음 이미 임했으나 아직 완성되지 않은 하나님 나라라는 말씀을 들었을때 이것은 약속의 구절로 사용되고 있었다. 그것은 내가 들어가서 접근할 수 없다고 생각했던 것들을 접근할 수 있다고 알게 해 주어서 많은 도움이 되었다. 이 구절은 어떤 것은 잠시 즐기고, 어떤 것은 영원히 누릴 수 있다는 현실에 초점을 맞추게 해주었다.

그러나 그 동일한 구절이 한계와 제한을 정의하는 데 사용되어서 소망을 불어넣어 주지는 못했다. 그것은 지금 이루어지지 않은 약속으로 인해 생긴 불만을 달래 주기 위해 사용되고 있다. 나는 이 접근 방법에 문제가 있다고 생각한다. 이는 사람들로 하여금 실제로 가능한 것보다 더 적은 것을 두고 만족하게 만든다. 그 구절이 가능성이나 약속을 묘사하기 위해 사용되는 것은 거의 들어보지 못했다. 그것은 예수님께서 가르치시거나 만드시지 않은 경계선과 장벽을 가지고 다닌다.

하나님 나라의 온전한 현실화는 우리 육신의 몸이 감당할 수 있는 것보다 크다. 그러나 그분의 통치하심의 확장은 끝이 없으므로, 우리가 천국에 있을 때에도 "이미, 그러나, 아직"이라고 말할 수 있으리라는 것 역시 사실이다. 영원토록 하나님의 왕국은 확장될 것이며, 우리는 언제나 앞으로 나아가고 있을 것이다. 나는 사람들에게 만일 이미, 그러나, 아직이라는 것이 약속과 가능성을 정의하기 위해 사용되었다면 받아들이라고 가르친다. 만일 그 구절이 우리에게 한계와 제한을 가르쳐 주기 위해 쓰였다면 거부하라고 가르친다. 우리는 더 이상 하나님 나라를 경험하지 못한 사람들이 우리 생애 가운데 무엇을 가질 수 있고 가질 수 없는지를 말하게 할 필요가 없다. 실험적인 정신으로 그들의 믿음대로 사는 사람들은 언제나 우리가 이미 본 것과 아직 보지 못한 것의 긴장감 가운데 살게 될 것과, 또 우리가 하나님 안에서 더욱 크고 많은 것을 향해 움직일 것이라는 것을 이해한다. 이것이 경험에 의해 이해하는 것의 문제이다.

누군가 역사적 성과를 초월해 당대에 불가능하다고 간주된 것을 시도해야 한다. 교회는 바뀌지 아니하는 단체로 종종 알려져 있다. 만일 우리의 선배들이 그들의 선배들이 경험했던 것을 뛰어넘는 시도를 하지 않았더라면 오늘날 존재하는 것은 거의 없을 것이다. 교회 안에서도 마찬가지다. 이것이 하나님께서 우리에게 요구하시는 모험이다. 그리고 이 모험을 우리는 평범한 그리스도인의 삶이라고 부른다.

신비의 언어

하나님께서 신비의 영역을 포용하는 장소로 우리를 이끄실 때, 그분은 우리 안에 믿음을 세우신다. 그러나 그분은 주변의 세상에 차이점을 만들고자 소원하는 자들에게는 신비를 풀어 보이시고 싶어하신다. 숨겨진 것들은 그분을 갈망하고 그분의 목소리를 분별하여 듣는 자들에게 보여진다. 이것이 바로 다음 장의 주제이다.

4장

영의 언어

"하나님께서는 당신에게서가 아니라,
당신을 위하여 숨기신다."

순복한 상상은 신성하게 된 상상이 된다. 그리고 신성하게 된 상상은 비전과 꿈으로 자리매김한다. 서구사회의 교회에서는 상상력을 사용하는 것에 대한 심한 불신이 있다.[1] 그 결과, 믿지 않는 자들이 예술과 발명을 통해 창의적인 표현의 길을 주도한다. 그들은 상상에 대해 아무런 편견도 없다. 상상은 미술가에게는 도화지와 같다. 그것이 깨끗하면 미술가는 할 것이 많다. 하나님께서는 자신의 생각들을 그리기 위해 우리의 상상력을 사용하는 것을 기뻐하신다. 하나님은 자신을 내어 준 사람이 없나 찾고 계실 뿐이다. 그러나, '자격 없음'으로 사로잡혀 있는 자들은 이러한 계시를 맡기기엔 너무나 자기중심적인 것이다. 언젠가 이것이 우리 자신에 관한 것이라는 것에서 벗어나서, 우리 주위의 사람들을 위해 그리스도 안에 있는 자들에게 주어지는 은혜를 사용할 수 있어야 할 것이다. 이러한 관점은 죽어가는 세상의 필요를 채워 줄 수 있는 하나님의 신비에 우리가 무한하게 진입할 수 있게 한다.

예수님은 하나님의 말씀이다. 그분께는 할 말이 없을 수 없다. 우리는 때로 하나님께서 우리에게 말씀하시지 않는 듯한 기간을 경험하기도 한다. 그럴 수도 있지만, 대부분의 경우는 그분이 단지 그 언어를 바꾸셨을 뿐이고, 우리가 그분께 적응하기를 바라시는 경우이다.

하나님의 육성을 그리워함

"아버지여, 아버지의 이름을 영광스럽게 하옵소서 하시니 이에 하늘에서 소리가 나서 이르되 내가 이미 영광스럽게 하였고 또다시 영광스럽게 하리라 하시니 곁에 서서 들은 무리는 천둥이 울었다고도 하며 또 어떤 이들은 천사가 그에게 말하였다고도 하니"(요 12:28-29).

예수님께서 무리들에게 말씀하시는 동안 하나님 아버지의 육성이 하늘로부터 들려 왔다. 사람들은 무슨 소리가 들린 것은 알아차렸지만, 그것이 어떤 소리였는지는 알지 못했다. 그것이 하나님의 음성이라는 것을 모를 뿐 아니라, 자신들의 삶에 의미 있는 사건임을 전혀 알지 못했다. 예수님께서는 그들의 믿음 없음에 대해 이렇게 반응하셨다. "예수께서 대답하여 이르시되 이 소리가 난 것은 나를 위한 것이 아니요 너희를 위한 것이니라"(요 12:27-30). 하나님께서는 그분의 은혜로 모든 방관자들이 믿음 없는 삶의 스타일에서 벗어날 수 있는 방법을 마련해 주셨다. 그러나 그들 마음의 강퍅함이, 무엇을 말하는지 누가 말씀하셨는지를 알 수 있는 지각을 막아 버렸고, 그들이 들은 소리를 이해할 수 없게 했다. 우리는 하나님께서 분명히 말씀하신 것을 안다(고전 14:9 참조). 그러나, 사람들은 그들의 믿음 없는 성향 때문에 이해할 수 없었다(요 12:37 참조). 어떤 이들은 천둥소리라고 생각했다. 인격이 없는 자연이 한 일이라고. 또다른 이들은 그것이 천사일지 모른다고 생각했다. 영적이긴 하지만, 모여 있는 그들을 위한 것은 아니라는.[2] 굶주린 심령이 가장 잘 들을 수 있다는 것은 사실이다.

믿음 없음이 지혜로 가장하다

요한복음 12장의 이야기는 서구의 교회 안에서 가장 큰 근심거리이다. 널리 퍼져 있는 불신앙의 문제. 그것은 오랫동안 지혜로 가장해 행세했고, 그것이 엄청난 죄악이라는 것이 밝혀져야만 한다. 믿음 없음은 삶에 있어서 보수주의라는 겉모습을 하고 있지만, 하나님 자신을 사람들의 지적인 능력과 제한의 대상으로 만들어 버린다. 이는 다른 사람의 의견으로 공급을 삼으며, 다른 이들이 넘어져 버린 그 극단적인 것들에 넘어지지 않은 것을 다행스럽게 생각한다. 이러한 종교적 덫에 걸려 있는 사람들은, 믿음 없는 생각이 그분의 권능과 영광 안에서 예수님을 결코 대변하지 못한다는 것을 모른다.

많은 그리스도인들이 내가 보았다고 하는 것을 마치 성경이 충분한 증거가 되지 못하기라도 하듯 하나님께서 진짜 하신다는 걸 증명하기 원한다. 더 놀라운 것은 그들의 눈앞에서 기적이 일어나면, 하나님께 어떤 찬양을 드리기 전에 의사의 진단과 엑스레이 등을 필요로 한다는 것이다. 휠체어에 앉았던 사람이 걷게 되고, 우울증에 빠졌던 사람이 기뻐하며, 귀가 멀었던 사람이 귀가 열려 찬양하지만, 그래도 방관자들이 이것들이 정말 기적이라는 것을 증명하기 원한다는 것은 슬픈 사실이다. 나는 사기꾼들이 존재한다는 것을 깨달았다. 그러나, 속는 것으로부터 우리 자신을 보호하려고 엄청나게 노력하는 것은 속임수로부터 보호하려는 지혜라기보다는 오히려 믿음 없음의 표시이다. 이러한 두려움은 불신앙이 오랫동안 지배했을 경우에만 존재한다.

그러나, "사랑은 모든 것을 믿는다"(고전 13:7 NASB). 하나님의 사랑과 좀더 깊이 만나는 것은 비논리적인 경계함으로 스스로를 보호하려는 성향으로부터 우리를 자유케 한다. 그리고, "믿음이 사랑을 통해 일하는 것"(갈 5:6)을 볼 때, 하나님께서 기적을 행하신다는 것을 믿는 것조차 하나님의 사랑을 경험하는 데서 나온다는 것이 타당하다. 하나님 아버지의 넘치는 사랑의 감당하기 어려운 경험이 불신앙을 상당히 무너뜨리게 될 것이다.

우리가 믿을 수 있도록 하나님께서 자신을 계속 보여 주시기를 구하는 것은 지혜가 아니다. 기적에 노출되는 것이 우리의 믿음을 자라게 도와주는 것은 의심할 바가 없지만, 무언가 보여 달라는 것은 하나님을 향한 굶주림이 아니라 하나님을 시험하려는 것이다. 그분은 시험을 받지 않으신다. 우리가 받는다. 새로움을 입지 못한 마음은 하나님과 전쟁을 하며, 그분에게 무언가 보여 달라고 요구한다. 그러한 건강하지 못한 태도가 우리를 재판관의 위치에 놓게 한다. 이러한 교만은 불신앙의 아버지다. 예수님께서는 종교적인 무리들과의 만남에서 이러한 태도를 많이 대적하셨다.

최후의 만찬

믿음에 의해 사는 심령은 그분의 음성을 기대하며, 그분의 다음 움직임을 찾으며, '하나님께로 기울어진다.' 예수님처럼, 우리는 "나의 양식은 나를 보내신 그분의 뜻을 행하는 것이라"(요 4:34 NASB)고 말할 수 있어야 한다. 나는 하나님께서 말씀하시는 것을 들음으로써 힘을 얻는다. 나는 하나님의 음성을 순종하는 것을 통해 공급받는다. 삶의 상황들은 예수님을 따르는 믿음 때문에 의미와 목적을 갖게 된다. 하나님으로부터 듣는 것은 그리스도인의 삶의 절대적인 요소인데, 이는 "사람이 떡으로만 살 것이 아니요 하나님의 입으로부터 나오는 모든 말씀으로 살 것"(마 4:4)이기 때문이다. 그분의 음성이 우리의 생명이다.

부흥 안에서의 개인적인 간증

내가 캘리포니아 주의 레딩에 있는 벧엘 교회의 담임목사로 오게 된 것은 그 교회의 리더십이 부흥을 외치기 때문이었다. 나는 당시 위버빌의 마운틴 채플에서 목회를 하고 있었는데, 성령의 놀라운 부으심을 경험하고 있었다. 벧엘 교회는 위버빌 교회의 모교회로서, 나의 가족이 17년간 있었던 곳이다. 벧엘 교회의 담임목사님으로부터 돌아와 달라는 요청이 있었다. 새로운 성도들에게 나는 부흥을 위해서 태어난 사람이라고 말하며 내가 오게 될 것을 이야기했다. 하나님의 영의 움직임을, 그리고 그 성령의 부으심에 따른 혼란을 그들이 원치 않는다면, 이부분은 타협할 수 없는 것이므로, 그들은 나를 원하지 않는 것이나 다름이 없었다! 그들은 거의 만장일치로 긍정적인 반응을 했다.

성령의 부으심은 즉시 일어났다. 삶이 변화되고, 몸이 낫고, 놀라운 비율로 신적인 만남들이 이루어졌다. 그리고 1,000명 가량의 사람들이 교회를 떠났다. 교회에서 일어나고 있는 일들은 그들이 판단할 수 없었고, 경험해 보지 못한 것들이었다.

목사들에게는 사람들이 교회를 떠날 때보다 더 가슴이 무너지는 경우는 없다. 마치 개인적인 거절로 느껴진다(그리고 실제로 그런 경우가 많다). 사역을 하는 사람이라고 이런 감정으로부터 전부 면역성 있는 것은 아니다. 목회자들은 특이한 족속이다. 우리를 싫어하는 사람들이 교회를 떠날 때에도 여전히 가슴 아프게 느껴질 때가 있다. 그러나, 성도들의 출애굽 시절에 나와 나의 아내는 가슴이 무너지는 감정으로부터 보호받았고, 이것은 하나님께서 우리의 상황과 반대되는 기쁨의 삶을 살도록 초자연적인 은혜를 실제로 주실 때만 가능하다(많은 사람들이 그 모조품을 보고 착각할 때가 있는데, 이는 마음이 강퍅할 대로 강퍅해져서 좋건 나쁘건 어떤 사람도 영향을 줄 수 없는 상황이다. 또 어떤 이들은 이러한 상실이 그들의 마음에 준 영향을 부인하며 살기로 한다. 이 중 어느 것도 건강하거나 받아들일 만하지 못하다). 우리에게 주어진 은혜 때문에, 우리는 단 하루도 낙담하거나 하나님을 의심하지 않고 지냈다. 우리의 양식은 그분의 뜻을 행하는 것이었고 그것이 우리에게 필요한 공급사항과 힘을 제공했다.

하나님의 너그러우심이 바로 이를 가능케 한 것이다. 그분의 임재 현상이 증가함에 따라, 하나님은 자신의 뜻을 너무나 분명하게 보여주셨다. 하나님께서는 종종 꿈, 환상, 또는 마음에 분명한 감동으로 말씀하셨다. 하나님은 때로 예언의 말씀을 통해 우리가 나아가야 할 방향에 대한 이해를 더욱 확실히 해 주셨다. 질문할 것이 없었다. 변화된 삶의 풍성함과 더불어 하나님의 임재가 증가함이 주는 열매는 이러한 자명한 손실의 상황에서도 우리를 미소짓게 했다. 오늘날까지도 이러한 상실을 통해 그만큼의 증가를 얻게 된 것을 특권이라고 생각한다.

현재 우리는 빠른 속도로 성장하고 있다. 기적이 놀라운 방법으로 증가하고 있다. 나는 육적인 마음에는 그렇게 많은 것들이 잘못되어 가고 있음에도 불구하고 그렇게 기쁠 수 있는 것이 비논리적이었던 맨 처음에 부어 주셨던 순간들을 혼자 조용히 되씹을 때가 있다. 당시에는 반대 세력이 무시무시했다. 비방과 헛소문은 복수심과 함께 나날이 증가했다. 일년 가까이 우리 교단의 사무실은 매일같이 불만과 고발사항을 보고받았다. 그러나 오직 하나님의 뜻만이 이런 완전한 공급을 주실 수 있기 때문에, 이러한 시절을 훌륭하게 만드실 수 있다. 여태까지 그러했듯이, 앞으로도 그것만이 나의 가장 훌륭한 양식이 될 것이다.

성령의 언어를 모르는 사람은 그분의 뜻의 아름다움을 이해할 수 없다. 하나님께서 어떻게 말씀하시는지를 아는 것은 필요불가결한 것이다. 그분의 모국어는 영어가 아니다. 실은, 그분의 모국어가 히브리어가 아니라는 주장도 무리가 없을 것이다. 하나님은 우리와 의사소통을 하기 위해 인간의 언어를 사용하시기도 하지만, 여러 가지 다양한 방법으로 말씀하신다.

이번 장의 나머지 부분에서 '성령의 언어' 중 몇 가지에 대해 설명해 보려고 한다. 이 주제에 대해 많은 자료들이 씌어졌고, 그래서 나는 '어두움의 말'과 같이 좀더 불분명한 부분을 강조해 다루고자 한다. 이는 완전한 목록이 아니다. 이것은 하나님과의 모험에서 발견한 한정된 부분을 담았을 뿐이다.

성경 말씀의 언어

성경은 하나님으로부터 모든 '듣는 것'의 기초이다. 하나님께서는 그분의 말씀을 어기지는 않지만, 종종 우리가 그분의 말씀을 이해하는 바를 깨뜨리신다. 하나님이 그분의 책보다 크시다는 것을 기억하자. 성경이 하나님을 담고 있는 것은 아니다. 그것은 하나님이 누구이신지를 밝혀 준다.

이 진리는 말씀을 가리키는 헬라어의 두 단어 '로고스'와 '레마'를 통해 알 수 있다.

로고스는 자주, 씌어진 말씀, 즉 성경을 가리킨다. 성경읽기는 하나님의 음성을 듣는 법을 배우고 훈계를 받기 위해 가장 자주 쓰이는 방법이다. 한 장 한 장이 삶의 실제적인 교훈으로 가득차 있다. 하나님의 말씀의 법칙을 배우는 것은 우리 안에 진리를 세움으로써 그분의 음성을 알아듣도록 배우는 것을 도와준다. 시편 기자는 이 목적을 뒷받침하며, 이와같이 말했다. "내가 주께 범죄치 아니 하려 하여 주의 말씀을 내 마음에 두었나이다"(시 119:11 NASB). 이것이 바로 우리가 하나님 나라의 삶의 법칙을 배우는 구절이다. 말씀은 누구든지 적용하는 자에게 유익하다.

레마는 새롭게 선포하시는 말씀이다. 그것은 언제나 지금 말씀하시고 있는 것을 표현하는 것이다. 그러므로, 이는 직접적인 면을 가지고 있다. 하나님께서는 말씀에 숨을 불어넣으셔서 씌어진 것에 '현재적' 생명력을 주신다. 하나님이 하시는 말씀은 씌어진 말씀을 결코 대체하지는 못한다. 우리 심령 안에 씌어진 말씀을 더 많이 가지고 있을수록 하나님이 우리에게 하시는 말씀을 더욱 많이 들을 수 있는 능력이 생긴다. 이는 하나님께서 우리 안에 쌓인 것들을 통해 말씀하시고, 그것들을 일깨우시기 때문이다.

들을 수 있는 음성의 언어

주님의 음성은 우리가 어떤 언어인지 찾아야만 하는 것이 아니다. 이는 하나님과 우리의 직접적인 의사소통이다. 우리가 자거나 깨어 있을 때, 육성은 우리의 육적인 귀에 들릴 수도 있다. 이것은 또한 우리의 영적인 귀에 들릴 수도 있다(내가 이 둘을 구별짓는 것은, 그런 일이 일어난 후에는 그것이 실제로 육성으로 들렸는지, 아니면 내면에 들렸는지 항상 기억할 수 없기 때문이다. 이것은 누군가 말하는 것을 듣는 것처럼 분명한 것이다).

최소한 두 번, 나는 주님의 육성을 듣고 잠에서 깬 적이 있었다. 그러나, 돌이켜 볼 때, 나는 내 아내가 들었으리라고 생각할 수 없었다. 아내는 듣지 못했다. 그래서 내가 요한복음 12장처럼 음성이 육적인 귀에 들릴 수도 있고, 또 영으로 들릴 수도 있다고 말한 것이다. 하나님은 그분의 음성으로 나를 깨우시며 다음과 같이 말씀하셨다. "주님을 바라보는 자의 지켜봄을 그분께서 돌보아 주신다." 이 말씀은 남은 밤 동안 내 마음속에서 계속해서 왔다갔다 했다. 내가 그분만을 바라보는 것을 배우도록 나의 관심 전체를 원하셨다. 그렇게 하는 동안 그분은 내게 중요한 모든 것을 돌보아 주실 것이었다.

미세한 목소리의 언어

이것이 조용한 목소리 또는 마음의 인상이다. 이것이 아마도 사람들이 하나님의 음성을 듣는 가장 흔한 방법일 것이다. 때로 이것이 우리 자신의 생각이나, 아이디어나 '내적 음성'이라고 생각되기도 한다. 우리가 내적 음성을 가지고 있긴 하지만, 그분의 작은 목소리를 알아들을 수 있는 지혜가 필요하다. 그 목소리는 조용하다. 그래서 그 목소리를 한결같이 알아 듣기 위해서는 우리 역시 조용해져야 한다. 누군가 내게 그분의 목소리를 분별하는 데 도움되는 열쇠를 하나 주었다. 그는 "당신 스스로가 생각해 낼 수 있는 것보다 더 나은 아이디어가 있다면, 그것이 하나님에게로부터 왔다고 알 수 있죠."라고 말했다.

환상 속의 언어

환상은 육적인 눈과 심령의 눈에 모두 보일 수 있다. 후자는 마음속의 그림들로서, 작디작은 목소리에 견줄 수 있다. 얻기 쉬운 만큼 놓치기도 쉽다. 하나님 안으로 들어가기를 배워 가는 것[3]이 이것에 초점을 맞추게 한다.

외적 환상 많은 이들이 이를 '열린 환상'이라고 부른다. 나는 한 번도 경험해 보지 못했지만, 나의 선배인 크리스 벨로튼을 위시해서 이를 경험한 나의 친구들이 있다. 하나님께서 사용하신 이 방법은 어떤 사람의 머릿속에 영화의 한 장면처럼 나타나는 것이다. 그리고, 하나님께서는 그 사람의 일생 중 한 부분을 필름처럼 돌려 주신다. 그것을 묘사하면, 사람들의 관심을 얻게 되어 그들이 중요한 개인적 사역을 받게 되는 길을 마련하게 되곤 한다.

내적 환상 독일의 사역 여행에서, 치유집회 저녁 전에 나는 굉장한 사역의 리더인 사람과 기도하게 되었다. 나의 마음속에는 '스냅사진'처럼 그림이 지나가고 있었다. 그 속에서 나의 오른쪽에 앉아 있는 사람이 보였고, 그 다음에는 엑스레이처럼 그 사람의 척추만 보였다. 나는 그냥 그 사람이 관절염인 것을 알게 되었다. 이 환상 안에서 나는 그들을 가리키며 말했다. "주 예수께서 당신을 고치십니다!" 이 환상은 실제보다 훨씬 극적으로 들린다. 내가 관심을 돌린 것은 그 스냅사진이었다. 그것은 내가 쉽게 놓칠 수도 있는 것이었다. 내가 말할 차례가 되었을 때 나는 먼저 그곳에 척추에 관절염이 있는 사람이 있는지를 물었다. 내 오른쪽의 여인이 손을 들었다. 그녀가 일어서도록 청한 다음 나는 그녀에게 선포했다. "주 예수께서 당신을 고치십니다!" 그녀는 떨기 시작했다. 내가 그녀에게 "어느 쪽이 아프신가요?" 하고 묻자, 그녀는 격하게 울며 대답했다. "이건 불가능해요! 불가능해요! 관절염이 사라졌어요!" 그녀는 나의 내적 환상을 통해 한 선포로 고침을 받았다.

또 다른 때에 캘리포니아의 로즈빌에서 타드 벤틀리와 천막 집회를 하는 중에, 나는 또다른 내적 환상의 독특한 경험을 했다. 예배 중에 나는 목의 요추를 보았고, 그것이 부상을 입었음을 보았다. 그러나 나는 또한 숫자 94가 떠다니는 것을 보았다. 그것은 매우 포착하기 어려운 것이어서 놓치기 쉬웠다. 내가 일어나서 어떤 사고로 1994년에 목을 다친 사람이 있는지를 물었다. 놀랍게도 12명의 사람들이 기도를 받기 위해 앞으로 나왔다. 기도시간 이후 나는 그중 여덟인지 아홉의 사람들을 위해 기도해 줄 수 있었고, 모든 사람이 치유를 받았다.

꿈의 언어

확실히 꿈은 밤에 가장 많이 나타나기 마련이다. 그러나 백일몽과 비슷하게 꿈꾸는 형태가 따로 있다. 이는 당신이 깨어 있을 때 일어나며, 자기 자신의 상상이라 생각해서 무시하는 경우가 많다. 심한 경우에는 산신한 것같이 느껴질 때도 있다. 다시 말하고 싶은 것은, 하나님께 기대는 것이 이 도구를 분명한 관점으로 보게 하며, 어떤 것이 하나님으로부터 오는 것이고, 어떤 것이 우리 자신의 상상인지 분별할 수 있는 능력을 얻게 된다.

백일몽

나는 집회에 앉아 있는 동안 기도의 집에 대해 백일몽을 꾸기 시작했다. 동서남북으로 창이 나 있는 4개의 벽들을 볼 수 있었다. 이 창들에는 이사야서의 구절이 씌어 있었다. "내가 북쪽에게 이르기를 '내놓으라!'" 각각의 방향으로 향해 있는 창에 모두 같은 구절이 나타났다. 카펫에는 방향을 가리키는 별이 있었는데, 이것 역시 동서남북을 가리키고 있었다. 방의 중심에는 계속해서 흐르고 있는 분수가 있었다. 난 그집이 '옥합의 집'Alabaster House라 불릴 것이라는 것을 알고 있었다(옥합은 귀중한 것들을 담기 위해 사용되었다. 실은 한 해의 모든 급여를 합한 만큼의 가치가 있는 예수님의 장사 전에 한 여자가 최고의 예배의 표현으로 그분 머리 위에 부었던 그 향유말이다(막 14:3 참조). 제자들은 향유를 팔아서 그 돈을 가난한 자들에게 나누어 줄 수 있는데, 이 여자가 이렇게 비상식적인 행동으로 그것을 낭비해 버린 것으로 인해 역정을 냈다. 예수님은 다른 관점을 가지고 계셨다. 그분은 이를 예배라고 부르셨다). 이 꿈 이야기를 우리 교회의 이사회와 나누었더니, 그 이사회 임원 중 한 사람[4]이 다음날 만나자고 했다. 그는 내가 묘사한 그 기도의 집을 2년 먼저 계획했었고, 그 계획을 가지고 왔다. 말할 필요도 없이 우리는 '옥합의 집'을 짓게 되었는데, 1,000여 명의 사람들이 우리 교회를 떠나고 있던 바로 그 때였다. 우리는 그 건물을 현금으로 지었다. 이는 하나님의 넘치는 자비와 은혜에 대한 또다른 간증이다.

밤의 꿈

내가 벧엘 교회의 새로운 담임목사로 결정되어 준비하고 있을때, 앞으로 올 전환과 함께 있을 잠정적인 위험을 경고하는 꿈을 꾸었다. 꿈 속에서 나는 고속도로에서 출구를 타고 나가고 있었다. 그런 다음 나는 교량 위로 길을 건너서 반대방향으로 가는 고속도로를 타야 하게 되어 있었다. 그런 중, 나는 도로가 얼어 있는 것을 발견했고, 얼마나 차를 빨리 돌릴지, 어떻게 그 제방을 빠져 나와서 다시 고속도로를 탈지 조심해야 한다는 것을 알게 되었다.

잠에서 깨어난 후 나는 하나님께서 변화를 너무 빨리 시도하지 말도록 경고하셨다는 것을 깨달았다. 몇몇 사람들은 우리의 변화가 상당히 빠르게 일어났다고 생각할지 모르지만, 그 꿈이 아니었더라면 훨씬 더 빨리 변화가 일어났을 것이다. 한 걸음 한 걸음이 명백한 하나님의 말씀으로 이끌어졌다.

하나님은 또다른 꿈을 통해 이 '조심스러운 전환'의 시절이 끝났음을 알려 주셨다. 그 꿈 속에서 나는 똑같은 고속도로를 보았는데, 이번에는 반대방향으로 가고 있었다. 도로의 양편으로 푸른 풀들이 자라나고 있었고, 그 포장도로는 눈이 녹아 젖어 있었다. 이상하게 들릴지 모르지만 그 물기는 내가 빠른 속도로 나아가고 있는 것을 위험하게 만들지 않았고, 오히려 그분의 새로운 부어 주심의 표시였다. 빠른 전환을 위험하게 만들었던 그 눈은 녹아 버렸다. 우리의 진행을 느려지게 하거나 가로막는 차량은 없었다. 이 꿈을 주시면서 하나님은 이렇게 내게 말씀하셨다. "정지 표지판들을 뽑을 시간이다." 이 두 번째의 꿈은 첫 번째 꿈을 꾼 지 18개월이 지난 후 꾸게 되었다. 교회를 떠날 사람들은 거의 떠난 상태였고, 이제 나는 증가하고 있는 변화의 바람에 속도를 맞추어 진행할 수 있는 자유가 주어졌다.

숨겨진 언어(잠 1:6 흠정역)

하나님께서는 가끔씩 진리를 구절이나 이야기, 수수께끼, 그리고 상황 안에 감추어 우리에게 말씀하실 때가 있다. 그 의미는 우리가 찾아야 한다. 우리가 하나님의 음성을 예상하며 그분께 기대면, 그 상황들이 하나님께로부터 온 것인지, 아니면 단지 삶의 특이한 사건들인지 분별하기가 쉬워진다. 하나님의 이 독특한 언어는 그분의 모험에 동참하라는 초대이다.

비유

나의 요청으로 보수담당 팀의 일원이 친한 예언자 친구와 나를 데리고, 거의 70에이커가 되는 교회의 땅을 돌아보며 어디가 그 건물의 경계가 될 것인지 찾기로 했다. 우리는 그 경계에 막대기를 꽂았다. 각각의 막대기에는 색이 다른 깃발이 달려 있었는데, 이는 우리 교회의 특정한 소명과 은사를 상징하는 것이었다. 이러한 행위는 내가 전에 해보지 못한 것이었고, 예언자를 따라 그 땅을 함께 걸으며 기도하는 것은 독특한 경험이었다. 그것은 색다른 경험이었지만, 나는 그를 신뢰했다.

마지막 깃발을 꽂을 때 네 마리의 거위가 날아서 지나갔다. 예언자 친구가 말하기를, 그 거위들은 옛날의 파수꾼이었으며, 그들이 하나님께서 그곳에서 하시는 일을 지키며 그 부지의 네 경계점에 서있는 네 명의 천사들을 상징하는 것이라고 했다.

예수님께서는 하나님께서 우리에게 그분의 신비에 접근할 권리를 주셨다고 제자들에게 약속하실 때 비유로 말씀하셨다(마 13:11 참조).

그분의 메시지를 찾을 수 있는 해석의 패턴이 있다. 예를 들어 숫자 4는 이 땅을 가리킨다. 동서남북 등 땅의 네 모퉁이. 이러한 것들을 이해하는 것은 간단한 긍정의 말로부터 큰 계시의 말씀까지 모든 것을 분명히 들을 수 있게 도와줄 것이다.

수수께끼

나는 이 이야기를 수수께끼의 부류에 포함하는데, 이것이 해석을 필요로 하기 때문이다. 때로 주님께서는 성경의 해석의 법칙에 의해 발견될 수 있는 방법으로 말씀하신다. 예를 들어, 숫자 50은 신원의 해를 의미한다. 이는 이스라엘 민족이 50년마다 지키도록 가르침을 받은 신원의 해의 법칙(모든 빚을 탕감해 주며 모든 종들을 풀어 주는)에서 유래된 것이다. 다음의 이야기는 이러한 방식으로 해석되어서는 안 될 것이다. 그것은 하나님만이 설명하실 수 있다.

2003년 10월 새벽 5시 55분에 나는 잠이 깨었는데 그 숫자들을 며칠 동안 여러 번 본 후의 일이다. 침상에 누워 있는 동안 나는 큰 소리로 말했다. "무엇을 말씀하시기 원하십니까?" 누군가 나를 때려눕히기라도 한 듯 즉시 나는 잠이 들었다. 그러자 그분은 내게 육성으로 말씀하셨다. "빚을 탕감해 주는 날의 기름부으심이 네게 있다." 그 순간 일어난 나는 한 3분간 내가 잠이 들었음을 알았다. 그날로부터 우리는 부동산 저당 외에는 모든 빚을 탕감받아 삶에서 더이상 찾아 볼 수 없었다. 그 숫자는 만드신 생산자의 설명을 필요로 하는 수수께끼였다.

성경과 삶 속에서의 숫자와 상징들을 해석하는 법칙을 우리에게 가르쳐 주는 훌륭한 책들이 있다. 하지만 그중의 어떤 책도 555가 빚을 탕감한다는 의미라고 말하지 않을 거라고 생각한다. 나는 사람들에게 이 책들을 길잡이로 삼지만, 주님이 더 하고 싶으신 이야기는 없는지 그분께 물을 것을 권한다. 비유는 좀더 상징적인 반면, 수수께끼는 하나님의 설명을 필요로 한다.

특이한 우연

나는 내 삶의 대부분을 통해 이것에 거의 눈길을 주지 않았다. 그분의 언어가 더 분명하게 들리게 된 것은 불과 2년밖에 되지 않았다. 모든 우연이 하나님의 음성을 담고 있다고 말하는 것은 잘못된 것이겠지만, 하나님은 생각하는 것보다 훨씬 자주 그것들을 통해 말씀하신다. 다음과 같은 일련의 사건을 통해 그분은 나의 주의를 집중하게 만드셨다.

광대한 텍사스 주의 몇 가지 회의를 준비하며 호텔의 투숙절차를 밟았다. 카운터 담당 직원이 내게 308호실 열쇠를 주었다. 나는 그 사실에 별로 신경을 쓰지 않았다. 다음 도시로 옮겨 간 후 나는 다시 308호실 열쇠를 받았다. 이것은 좀 이상한 우연으로 보였지만, 나는 그것이 특이한 우연이라고 느끼지는 않았다. 그리고 나는 새벽 3시 8분에 깨어났다(역자주: 3:08 AM이다). 하나님은 마침내 나의 관심을 일으키셨다. 나는 "무엇을 말씀하시기 원하십니까?" 하고 물었다. 며칠 동안 그 답은 오지 않았다. 내 사무실의 책상 앞에 앉아 있는 동안 나는 18년 전 주님께 글을 써야 할지에 대해 물어보았다는 사실을 기억해 냈다.

한동안 내 마음에 그 생각이 남아 있었지만 나는 과거에 우수한 학생이 아니었기 때문에 작가가 되기 위해 알아야 할 많은 것들을 놓쳐 버렸다. 하지만 나의 이 소원함은 사라지지 않았다. 당시 나의 글 쓰는 일에 대한 질문에 하나님께서는 어느 날 밤중에 나를 깨우셔서 이 단어들을 말씀하셨다. "이사야 30장 8절." 내가 성경을 펼쳐 읽어 보았더니 다음과 같이 씌어 있었다. "이제 가서 써라." 그 일이 있은 직후 금방 나는 우리 교회의 주보에 작은 기사를 쓰기 시작했다. 나의 일상생활에 시간을 떼어서 경험을 통해 알아야 할 부분을 배울 수 있도록 했다.

18년이 지난 지금 나는 꽤 많은 양을 집필했지만, 최근 내 스케줄은 집회와 다른 여행 때문에 꽉 차 있었다. 그 '308'의 숫자가 보여질 때에 나는 글쓰는 데 시간을 떼어 두지 못한 지 몇 달 된 상태였다. 실은 나의 스케줄은 점점 더 그 목표를 불가능하게 하고 있었다. 숫자 '308'은 하나님께 물었던 질문, 하나님의 답, 그리고 그 결과로서 주어진 나의 소명을 상기시켜 주었다. 주님의 깨우침이 내게 왔고, 나는 회개했다. 나는 교회 사역자들과 만나 다음 몇 달간의 스케줄을 조정해서 집필할 수 있는 시간을 정했다. 이 책을 쓰는 것도 그 말씀에 대한 반응으로 하는 것이다.

그 텍사스 여행 중에 나는 또하나의 새로운 경험을 했다. 어느 집회 날, 나는 꼬리뼈가 부러진 사람에 대한 말씀을 받았다. 어떤 여성이 그것이 자기라고 외치며, 자신이 아이를 출산하다가 꼬리뼈가 부러졌다고 말했다. 그녀는 기도도 없이 순간에 나았다. 잠시 후 나는 갈비뼈가 부러진 사람에 대한 말씀을 받았다. 같은 여성이 방 뒤편에서 소리쳤다. "(임신 중)나는 태아를 뱃속에 가지고 있다가 갈비뼈가 부러졌어요." 그녀는 다시 순간에 나았다. 옆의 다른 도시에서는 누군가 아이를 출산하다가 입은 모든 부상을 치유받았다고 간증했다(나는 과거에 이런 방식으로 고침 받은 사람을 본 적이 없다. 이제, 두 도시에 연이어 출산에 관련된 문제들로부터 고침을 받았다. 이것이 특이한 우연의 영의 언어이다.) 나는 그 집회를 멈추고 임신이나 출산으로 인해 육체적인 문제를 안고 있는 모든 이들이 일어나도록 부탁했다. 열 명 정도의 여성들이 일어났다. 다음 몇 분 동안 적어도 여덟 명이 치유받았다고 간증했다.

특이한 상황

모세의 불붙은 떨기나무의 경험은 이런 부류에 속한다. 특이한 상황은 그 스스로는 의미가 없는 특이한 경우이다. 우리가 우리 자신의 안건이나 계획을 "미뤄 놓기"를 바라시며, 하나님께서는 이러한 사건들을 우리 삶 가운데 들여오신다. "여호와께서 그가 보려고 돌이켜 오는 것을 보신지라 하나님이 떨기나무 가운데서 그를 불러 가라사대 모세야 모세야 하시매"(출 3:3 NASB). 모세가 돌이켜 오는 것을 보고 하나님께서는 말씀하셨다.

우리는 금요일 밤에 예배 전 기도 모임이 있다. 많은 사람이 교회 식당에 모여 예배를 위해 기도한다. 하루는 나 혼자서 기도하기 위해 조금 일찍 도착했다. 내가 도착하자 곧 길달리기새가 도마뱀을 입에 물고 서쪽을 향한 창이 있는 벽으로 올라왔다. 그 새는 마치 안으로 들어오려고 하듯 춤추고 뛰기 시작했다. 나는 캘리포니아 주 레딩에서 살고 야외에서 꽤 많은 시간을 보낸다. 나는 3피트 앞까지 다가가서 생각했다. '이것은 예언적이라고 하지 않기에는 너무 이상해.' 몇 분 뒤 길달리기새는 떠났다. 다른 사람들이 기도하러 오고 그 방이 가득 차기 시작하자 그 길달리기새가 되돌아왔다. 사역자들 중 하나가 이렇게 말했다. "아, 그 길달리기새가 돌아왔군요." 나는 그가 무슨 뜻으로 그렇게 말하는지 물었다. 그가 말했다. "네, 저 새가 지난 주에 여기 있었어요." 나는 답했다. "농담이시겠죠!" 분명히 그는 농담하고 있지 않았다.

다음 몇 달간 그 길달리기새는 거의 모든 기도모임 때 입에 도마뱀을 물고 왔다. 수요일 밤마다 우리 교회 중고등부 리더들이 그들의 예배를 위해 기도하러 식당에 모이기 시작했다. 길달리기새는 그 기도모임에도 도마뱀을 입에 물고 오기 시작했다. 나는 주일 오전에 '이적과 기사'라는 내용을 가르치곤 했었다. 어느 주일 아침, 나는 사람들이 궁금해하는 이적에 대해 이야기했고, 그 길달리기새를 예로 사용했다. 거의 타이밍에 딱 맞춰 길달리기새가 전처럼 창에 올라왔다. 사람들은 그것을 가리키며 말했다. "저것 말씀이시군요!" 나는 충격을 받았다. 그 새는 거의 타이밍에 딱 맞춰 왔다.

이 이상한 반복되는 사건에 대해 소식이 퍼지기 시작했다. 많은 이들이 그 의미를 찾기 위해 연구해서 돕고자 했다. 누군가 자연계에서는 길달리기새가 독수리와 관계 있다고 했다. 그 새는 우리 지역에 있는 방울뱀을 잡아 먹는 몇 안 되는 동물 중 하나였다(나는 이에 대해 흡족하게 생각했다). 나는 독수리가 예언을 표징하고 뱀은 주로 사탄을 의미한다는 사실을 알고 있었다. 예언의 증가에 따라 원수가 짓밟힐 것을 알게 됨은 큰 기쁨을 가져왔다.

우리는 이 기간 동안 24시간 기도의 집인 '옥합의 집'을 짓고 있는 중이었다. 길달리기새는 우리의 초점을 기도 모임에서 그 건물로 옮기게 했다. 그 새는 실제로 우리 중 많은 사람들이, 독수리의 머리를 너무나 많이 닮아서 독수리 바위라 부르는 그 바위에 앉곤 했다. 마치 우리의 기도모임을 좋아하는 그 길달리기새가 기도의 집 건축 프로젝트를 보살피고 있는 듯했다.

어느 날 그 새는 원래 기도실이었던 방 바로 위의 교회 시설 안으로 들어왔다. 제이슨이라 불리는 우리 교회의 경비를 맡고 있는 한 사람(우리의 사역 학교에서 대단히 예언적인 학생)이 커다란 이층 회의실에서 그 새를 찾았다. 제이슨은 예배음악을 틀고 방 바닥 가운데에 앉아서 주님을 경배했다. 길달리기새는 바로 그의 앞에 와서 동참하는 듯했다. 그 새는 때때로 제이슨을 떠나 마치 밖으로 나가고 싶어 하는 듯 창으로 갔지만, 곧 다시 돌아와서 경배하고 있는 제이슨 앞에 섰다.

제이슨은 청소해야 할 시간에 경배하는 데 너무 많은 시간을 보내는 것에 대해 죄책감을 느끼고, 음악을 끄고 다른 방들을 치우기 위해 아래층으로 내려갔다. 길달리기새가 그와 함께 갔다. 누가 갑자기 긴 복도의 문을 열어서 새를 놀라게 했다. 새는 복도의 끝까지 날아가서 창문을 들이받고 즉시 죽어 버렸다.

그 새는 우리에게 기도의 중요성을 상기시켜 줌으로써 사랑스런 마스코트가 되어 있었다. 그 새는 기도모임들을 좋아했고, 하나님께서 우리 교회 가족들이 증가할 것을 예언하는 상징이 되어 있었다. 그 새는 많은 교인들이 이미 떠났거나 떠나고 있는 상황에 왔고, 또한 이때는 재정적으로도 극히 빠듯한 때였다. 입에 물고 있던 도마뱀이 우리를 위해 필요한 모든 것을 제공하시는 하나님에 대해 말해 주었다. 독수리들이 예언가들을 상징했다면, 예언적 사역이 우리 교회의 공동체 안에서 더욱 더 강해지고 있다는 것이 분명했다.

제이슨은 이 비참한 소식을 전하기 위해 나를 찾았다. 나는 그가 어디에 그 새를 두었는지 보여 달라고 했고, 우리가 가서 그 죽은 새를 다시 살려 내자고 했다. 목적의식과 자신감을 가지고 우리는 길달리기새가 누워 있는 곳으로 갔다. 하나님께서 그 길달리기새가 살기를 원하실 것은 당연했다. 하나님께서 살아 있던 예언의 메시지가 죽기를 원하시겠는가? 이상스럽게도 그 새에게서 5~6 피트 정도 거리까지 다가가자 나는 기름부으심이 떠나는 것이 느껴졌다. 그것이 나를 어리둥절하게 했다. 그 새에게 가까이 갈 때까지 하나님의 임재는 강하게 느껴졌었다. 마치 하나님께서 나의 결심은 좋았지만, 타이밍과 적용이 좋지 않았다고 말씀하시는 듯했다. 길달리기새는 다시 살아나지 못했다. 우리는 몹시 슬펐다. 그러자 주님께서 말씀하셨다. "내가 이곳에 가지고 들어오는 것은 또한 이곳에서 풀어지는 길이 필요하다. 그렇지 않으면 그것이 여기서 죽을 것이다."

그 말씀이 당시 절대적으로 필요했고 우리가 외쳐 구해서 성령의 가시적인 선물로 받기를 원하며, 또한 우리가 성장하고 있었던 기름부으심의 분야인 돈에 적용되었다. 그 말씀은 귀했고 분명했다. 우리는 다른 이들에게 줄 것만 소유할 수 있다.

예언

이것은 내 삶의 가장 중요한 부분들의 일부이다. 하나님께서는 가장 완벽한 시간에 나의 삶 가운데 신실하시게도 예언적인 사람들을 붙여 주셨다. 이들은 모두 대단히 도덕적인 사람들이었다. 그 결과 우리는 예언적인 교회문화를 가지게 되었다. 예언적인 사람들에게 위험 부담하기를 권면하기 위해, 우리는 그 말씀이 하나님으로부터 온 것인지 아닌지 분별하는 것을 듣는 이들의 책임으로 강조한다. 구약에서는, 하나님의 영이 예언자에게만 단독으로 임하셨고 그래서 그들이 모든 책임을 감당했다. 오늘날 하나님의 영은 모든 믿는 사람들에게 임하셨고, 그러므로 그 말씀이 하나님으로부터 온 것인지 아닌지를 분별하는 책임이 하나님의 백성에게 있는 것이다. 그 말씀이 하나님으로부터 온 것이 아닐 때에는 우리는 이를 통해 배워야 하고 우리의 예언적 기술[5]을 날카롭게 해야 한다.

예언은 다른 사람으로부터 우리에게 온다. 이것이 하나님의 음성을 듣는 형태 중 위험한 것일 수도 있지만, 또한 가장 극적이고 믿음을 견고케 하는 방법일 수도 있다. 이것이 하나님으로부터 온 것이 확인되면, 우리는 이 말씀에 따라 행해야 한다.

크리스 벨로튼은 어느 주일 아침 일찍 예언하기를, 하나님께서 공식적으로 후원하시는데 우리의 기도의 집을 세우는 데 한 번의 헌금으로 전액이 채워질 것이라고 말했다. 그 날이 바로 우리가 그 프로젝트를 발표하고 헌금 시간을 가져야겠다고 생각했던 날이다. 육적으로 볼 때에는 교회의 성도들이 떠난 출애굽이 있은 후 많은 양의 헌금을 기대하기에는 최악의 타이밍이었다. 우리 교회 성도 수가 최저일 때였다. 그 기도의 집을 짓기 위해 필요한 재정의 양은 우리 교회에서 그렇게 많은 사람들이 떠나기 전에도 한 번의 헌금으로 걷어지기에는 어림없는 액수였다. 예배가 끝날 즈음에 공인회계사가 헌금을 집계했고, 우리는 교회 전체에 우리가 목표했던 양보다 8달러하고도 약간의 잔돈만큼 초과했다고 발표했다.

간증

구약에서 '간증'을 일컫는 말은 "다시 하다"라는 단어에서 유래했다. 그 암시적인 뜻은 우리가 그분의 하신 일을 이야기할 때, 하나님께서 그분의 놀라운 역사를 다시 하시기를 원하신다는 것이다. 우리는 신약성서의 요한 계시록 19장 10절NASB말씀을 통해 이 원리를 다시 확인할 수 있다. "예수님의 증거는 예언의 영이라." 이 말은 하나님께서 한 번 하시면 그분은 또다시 그것을 하실 준비가 되어 있으시다는 것이다. 예수님께서 하신 일의 말해지거나 씌어진 기록은, 영적인 영역에서 변화를 일으키는 기름부으심을 지녀서 그 기적이 다시 일어나게 한다는 것이다. 실로, 간증은 자주 주님의 실제 음성을 싣고 있다. 이것을 발견하는 것을 배우는 것은 간증을 통해 풀어진 그분의 영의 움직임과 협력하고 맞추는 것을 우리에게 가능케 할 것이다.

어느 일요일 아침 나는 간증의 힘과 어느 소년이 굽은 발(역자 주: *talipes equinovarus*라는 병)을 고침받은 이야기를 가르치고 있었다. 한 가족이 다른 주에서 방문하고 있었다. 그들에게는 두 살가량 된 딸이 하나 있었는데, 그 아이의 발은 심각하게 안쪽으로 구부러져서 뛸 때에 자기 발에 걸려 넘어지곤 했다. 그 어머니는 그 간증을 듣고 마음속으로 "그 간증을 내 딸을 위해 붙듭니다." 라고 했다. 우리 교회의 유아실에서 그 어머니가 딸을 안아 올리자, 딸의 발이 완전히 바로 잡힌 것을 발견했다! 하나님께서는 그 간증을 통해 말씀하셨고, 그 어머니가 들었으며, 그 딸이 고침을 받았다.

감각들

우리의 오감은 삶을 즐길 수 있도록 돕는 도구들일 뿐 아니라, 우리가 하나님을 더욱 잘 들을 수 있게 한는 수단들이기도 하다. 시편을 통해 우리는 시편 기자의 몸이 실제로 하나님을 굶주려 했다는 것을 들었다(시 84:2 참조). 히브리서의 저자는 감각들이 선함과 악함을 분별하도록 훈련받았다고 말한다(히 5:14 NASB 참조). 이 구절에서 능력은 성숙의 표시로 사용되고 있다. 하나님을 발견하기 위해 감각을 사용할 수 있는 것이다.

어느 일요일 예배 중 한 젊은 여성이 내 앞에 와 섰다. 나는 예배당 앞줄 통로 끝쪽에 앉는다(강당의 앞쪽은 줄 중간에 꼼짝없이 서있는 것보다 더 왕성하게 표현하기를 원하는 사람들로 가득 메워진다). 사람들이 손을 올리거나 기쁨으로 춤을 출 때, 그녀는 손과 팔로 온갖 움직임을 가하고 있었다. 우리 교회 예배에는 오컬트(역자 주: 점성술, 연금술, 마술 등을 믿는 사람들)에 연관된 사람들이 상당수 찾아오곤 한다. 어떤 이들은 굶주림으로 오고, 다른 이들은 훼방하기 위해 온다. 우리는 별로 그것을 큰 문제 삼지는 않지만 주의하고 있다.

그녀가 하는 행동이 이해되지 않아서 나는 그녀가 무엇을 하는지 분별하려고 했다. 나의 분별력이 닫혀 버린 것 같았다. 그러나 내가 서 있는 자리가 차가워지고 있다는 것은 알아차렸다. 나는 수년 전 내 형의 사무실이 아주 차가워졌고 그렇게 여러 시간이 지나며 경험한 악령과의 대면을 기억했다. 그래서 나는 15피트 정도 떨어져 걸어

가서 그곳의 온도가 정상인 것을 확인했다. 나는 예언적 무용으로 사역을 이끌고 있는 서머 자매에게로 가서 단상에 올라가서 춤을 추도록 부탁했다. 그녀에게 나는 이렇게 말했다. "우리가 무언가 깨야 하는 게 있어요." 서머 자매가 그대로 하자, 그 젊은 여성은 바로 내 앞에서 쓰러졌다. 그 예언적 춤을 통해 그 여성에게 영감을 주었던 악령의 힘이 깨어졌다. 육적인 순종이 영적인 풀어짐(역자주: 영어로 Release로써, '배포하다'의 의미를 가지고 있다)을 가져온다. 아내는 그 여성의 곁에 앉아서 축사를 하고 그에게 그리스도를 영접하도록 했다.

다른 세계로 연결됨

하나님으로부터 듣기를 원하는 마음과 듣는 능력은 천국의 자원으로 땅을 공급하게 하는 무한적인 잠재력을 우리에게 남기게 된다. 하나님의 세계와의 연결이 반드시 필요하다는 것이 우리가 이 세상의 왕국을 담대히 침노해 우리 주 예수 그리스도의 왕국으로 변하게 할 때 증명될 것이다. 이것이 다음 장의 주제이다.

5장

바빌론 침노하기

일터에서 통하지 않는 복음은
어디서도 통하지 않는다.

우 리에게는 이 지상을 다스리는 권세가 주어졌다. 이는 창세기에
서 하나님께서 인간에게 사명을 맡기실 때 처음으로 주어졌고
(창 1:28-29 참조), 예수님께서 부활하실 때 다시 회복되었다(마 28:18
참조). 그러나 왕국의 권세는 대부분의 신자들이 이해하고 있는 바와
는 다르다. 이것은 사람들을 고통과 질병으로부터 자유케 하고, 어둠
의 역사를 파괴하는 권세이다. 이것은 창의적인 표현을 통해 천국의
자원을 움직여서 인간의 필요를 채우는 권세이다. 이것은 천국을 지
상으로 가져오는 권세이며, 섬기기 위한 권세이다.

거의 모든 하나님 왕국의 원리가 그러하듯이, 다른 이들을 다스리
고자 하는 욕망을 가진 자들에게는 이러한 인간의 통치와 권세의 진

리가 위험하다. 이러한 개념들은 어떤 이들의 이기주의를 인정하는 듯하게 보이기 때문이다. 그러나 이 개념들이 겸손한 종을 통해 표현되면, 세상은 그 핵심까지 흔들리게 될 것이다. 이 세상에서 섬기는 자가 되는 것은, 일반적으로 닫혀 있거나 금지되어 있다고 생각되는 가능성의 문들을 여는 열쇠이다. 종이나 왕에 대한 우리의 이해는 너무나 세속적이어서 도움이 되지 못한다. 이 때가 예수님께서 들어오시는 때인 것이다. 그분은 왕중의 왕이시지만, 모든 이의 종이시다. 하나님의 아들 안에 있는 이 독특한 조화가 이 시간에 우리에게 주시는 부르심인 것이다. 이 두 가지의 모순된 현실의 긴장 속에서 진리가 찾아지므로, 우리에게는 풀어야 할 과제가 있다. 우리의 주인되신 분처럼 우리는 왕족이며 또한 섬기는 자들이다(계 1:5, 막 10:45). 솔로몬은 다음과 같이 말하며 우리에게 잠재된 문제가 있음을 경고한다. "세상을 진동시키며 세상을 견딜 수 없게 하는 것 서넛이 있으니 곧 종이 임금된 것과…"(잠 30:21-22 NASB). 그러나 예수님께서는 솔로몬의 경고를 무효화하지 않으면서도 모순된 양쪽의 역할을 모두 효과적으로 해내셨다. 예수님께서는 왕의 마음을 갖고 섬기셨지만, 종의 마음을 갖고 통치하셨다. 이것이 바로 역사의 흐름을 만들어 가기 열망하는 자들이 끌어안아야 할 핵심적인 조화인 것이다.

왕족이 나의 정체성이다. 종이 됨은 나의 임무이다. 하나님과의 친밀함은 내 생명의 근원이다. 그러므로, 하나님 앞에서 나는 친근한 친구이고, 사람들 앞에서 나는 종이다. 지옥의 권세 앞에서는 그들의 영향을 조금도 용납하지 않는 통치자이다. 지혜는 어떤 때에 어떤 역할을 해야 하는지 안다.

영향력의 산들을 침노하기

이 세상에는 왕되신 분과 그분의 왕국의 영향력 안으로 들어와야 하는 사회의 7가지 영역이 있다. 이 일이 일어나기 위해서는 하나님 나라의 시민으로서 우리는 침노해야 한다. 주 예수의 통치는 하나님의 백성들이 나아가 섬길 때마다 드러나게 된다. 그분이 속한 세계의 축복과 질서를 이 세상 안으로 가져옴으로써 주 예수의 통치는 하나님의 백성들이 나아가 잡고 섬기는 곳마다 임해야 한다.

단순히 리더십의 자리를 차지하기 위한 많은 신자들의 노력은 말보다 마차를 앞세우는 격이 된다. 가장 중요한 임무는 섬김이고, 섬김을 통해서라야 하나님 세계의 혜택들을 보통 인간의 손이 닿을 수 있는 곳에 가져올 수 있게 되는 것이다.

하나님 왕국은 누룩과 같다(마 13:33 참조). 누룩이 빵 속에서 작용하는 것과 같이 우리도 이 세상 왕국의 체계에 파고 들어가 그 안에서 일할 때 그것들을 변화시키게 될 것이다. 그곳에서 우리는 그분의 통치와 다스림을 보여 주어야 한다. 하나님의 백성이 세상의 영역들로 들어가서 하나님 왕국의 혜택과 가치관을 보여 줄 때, 그분의 통치는 확장되는 것이다.

이러한 침노가 효과적으로 되어질 때, 우리는 몇 가지 잘못된 인식을 고쳐야 한다. 이렇게 하는 중에 필수적인 하나님 왕국의 법칙을 적당한 자리에 놓아 세우는 것 또한 중요하다.

믿는 자들에게는 세속적인 직업이란 없다. 거듭난 이후 우리의 모든 것이 하나님 왕국의 목적을 위해 구속되는 것이다. 모든 것이 영적이다. 정당한 하나님 왕국의 표현이든지, 아니면 우리가 아예 개입하지 말든지 둘 중의 하나인 것이다.

각각의 믿는 사람은 전임 사역자들이다. 그중 겨우 몇 사람만이 예배당의 강단에 서게 되는 것이고, 나머지 사람들은 세상의 체계 안에서의 전문성과 선호의 영역에 따라 자신들의 강단을 갖게 된다. 반드시 복음만을 전하도록 하라. 그리고 필요하다면 말씀을 사용해도 좋다!

하나님의 부르심은 그것이 부여하는(또는 부여하지 않는) 작위 때문에 중요한 것이 아니다. 그 소명으로 부르신 그분 때문에 가치가 있는 것이다. 사업을 하는 임무는 전도자의 소명만큼이나 하나님 왕국에 가치가 있는 것이다. 집에 늘 있는 아내와 엄마로서의 특권은 선교사가 되는 것과 동일한 중요성이 있다. 자신의 소명을 여러분을 부르신 하나님께 합당한 감사와 성실로 끌어안으라. 우리의 영원한 상급은 우리가 얼마나 많은 돈을 벌고 얼마나 많은 영혼을 구원했으며, 얼마나 많은 노숙자들을 먹였는가에 달려 있지 않다. 모든 상급은 하나님께서 주시고 부르신 그 소명에 얼마나 충실했는가에 달려 있는 것이다. 우리가 서로에게 주고 받는 경의는 눈에 보이는 영적인 직업을 가진 사람들에게만 표해져서는 안 된다. 경의는, 그것이 어떤 것이든지 소명에 충실한 사람들에게 주어져야 한다.

예언적인 사역은 이 세상의 죄에 초점을 맞추는 것이 아니다. 사람들의 삶 가운데 먼지를 찾는 것은 분별력이 없어도 할 수 있다. 가장 순수한 형태의 예언적 사역은 사람들의 삶 가운데서 금을 발견하고 그것이 표면에 떠오르도록 불러 내는 것이다. 이 접근은 교회를 향한 세상의 태도를 바꾸고, 우리가 그저 악을 대항하는 사람들이 아니라, 이 세상에 공헌하는 사람들이 되도록 해줄 것이다.

비공개적 vs. 공개적 사역

우리 교회와 사역 학교는 공개적 사역으로 알려져 있다. 겉으로 드러나며 호전적이다. 우리는 수백 명의 사람들이 공개적인 장소에서 고침을 받고 구원되는 것을 보아 왔다. 우리는 심지어 지역의 식료품점에서 인터콤을 통해 지식의 말씀[1]이 주어지는 것도 경험했다. 결과는 놀라웠다. 사람들은 계산대 10번을 둘러싸고 모여드는 것으로 반응했고, 우리의 젊은이 중 한 사람인 채드를 통해 예수님의 치유의 사역을 받았다. 하나님의 자비로우신 능력이 펼쳐진 후에, 그들은 그리스도에게 그들의 삶을 바치도록 초대받았다. 많은 이들이 그렇게 했다.

비공개적 사역은 우리에게 아주 흔하다. 백화점, 이웃집, 학교, 또는 사업의 장소에서 복음을 필요로 하는 이들에게 전한다. 그러나, 이는 필요를 채워 주는 사역의 등식에서 겨우 반에 불과하다. 비공개라는 단어는 '숨는 장소'라는 뜻이다. 이는 좀더 포착하기 어려운 성향을 가진 사역을 가리킨다. 이것은 겁쟁이여서 숨는 것이 아니라, 지혜롭게 하기 위해서 숨는 것이다. 이 사역은 이 세상의 체계 안에서 생각, 믿음, 규율과 관계의 경계에 대한 일반적 기준을 재정립함으로써 변화를 가져오는 것이다.

다시 말해, 우리는 문화를 변화시키기 위해 일하는 것이다. 그 목적이 특정한 치유나 구원받는 일이 아니기 때문에 더욱 많은 시간을 필요로 한다. 그 목표는 섬기기 위해서 그 도시 체계를 침노함으로써 사회를 변화시키는 것이다. 우리의 혜택이 아니라 그들의 혜택을 위해 섬긴다는 것이 열쇠이다. 언젠가 누가 이야기했듯이, "우리는 세상에서 최고가 되기 위해 노력하는 것이 아니라, 세상을 위하여 최고가 되도록 노력해야 한다!" 다른 이들의 성공을 위해서 종교적 안건들을 제쳐 놓는다면, 우리는 하나님 왕국의 사고방식을 배운 것이고, 변화의 움직임의 일부가 된 것이다.

종교적 안건들을 쏟아버리는 것

교회는 때로 섬기기를 자원하는 것으로 알려져 있지만, 주로 선한 의도에서 비롯된 영적인 안건을 궁극적인 목표로 하는 것으로 알려져 있다. 모독적으로까지 들릴 수 있지만, 사람들을 그저 구원받게 하려고 섬기는 것은 종교적 안건이다. 믿는 자들에게는 순수하고 고귀하게 들리겠으나, 세상에는 조종하는 것으로 보이고, 따라서 순수하지 않은 섬김으로 보이는 것이다. 세상은 몇 마일 떨어져서도 이와같은 냄새를 맡을 수 있다. 이러한 이유들을 가지고 그들의 책임의 영역으로 들어갈 때 우리는 그들을 방어적으로 만드는 것이다. 예를 들어, 지역학교의 교장선생님을 성공할 수 있도록 도울 때, 우리는 교회가 좀처럼 방문하지 않는 분야로 들어가는 것이다. 이는 다른 사람의 이익을 위해 섬기는 것이다. 세상이 환영하는 종은 이러한 종이다. 놀라운 보너스가 있다면, 사람들을 그리스도에게 인도하는 것을 포함해 여러분이 가능하다고 생각하지 않았던 방법으로 그 학교에 영향을 미치게 될 것이라는 것이다.

만일 학부형들이 그 지역학교의 교사가 성공하도록 돕기 위해 자원한다면 무슨 일이 벌어지겠는가? 일반적으로 교사들은 어린이들이 자라며 삶에 성공하는 데 진심으로 관심이 있다. 그들은 다음 세대를 위해 자신을 투자하는 것이다. 그들은 헌신에 대한 경의를 받을 만한 자격이 있고, 우리가 그들을 성공하게 도울 수 있다.

미국의 교육구들은 그리스도인들이 지역학교의 위원회에 자리를 찾는 것에 익숙해져 있다. 때로 학부형들은 교사가 무신론자라는 이유로 그를 해고시키기 위해, 또는 특정한 교과과정을 바꾸기 위해 다른 학부형과 협력해 교장을 부추기기도 한다. 그러나 우리가 실제로 이 세상의 체계를 침노해, 해고를 받아 마땅한 사람들을 불명예스럽게 하기보다 경의를 받을 자격이 있는 곳에 경의를 표하도록 한다면 어떤 일이 벌어지겠는가?

전자는 은택을 통해 변화를 가져온다. 후자는 우리 같은 외부단체가 나서서 세상에 맡겨진 것을 조종하지 않도록 스스로를 보호하는 외에는 별다른 선택을 할 수 없게 만드는 거절의 예언이며 스스로 이루어지게 하는 예언이다. 그리스도인들은 정치적인 책략으로 학교들을 침노하기로 악명이 높다.[2] 때때로 이것이 성공할 때도 있지만, 그것이 하나님 왕국은 아니다. 오래가지도 못한다. 더 나은 방법이 있는 것이다.

재미있게도 성령충만함은 사역에 대한 이 두 가지 접근에서 볼 수 있다. 제2장에서 말한 것처럼, 성령충만은 "신자들로 하여금 지혜 안에 살아가게 하고, 사회의 필요에 실제적으로 공헌하며, 십자가의 제공하심을 통해 삶의 불가능한 문제들을 다루는—초자연적 임재를 통한 해결책들을 마련해 준다. 아마도 이 두 가지 방법을 쌍두마차로 이끌어 가는 것이 균형 있는 그리스도인의 삶이라고 보아야 할 것이다.

사회를 형성하는 7가지 사고방식들(7대 영역)

대학생 선교회Campus Crusade for Christ의 창시자인 빌 브라이트 박사와 열방대학Youth With A Mission의 창시자인 로렌 커닝햄은 하나님으로부터 거의 같은 기간에 같은 계시를 받았다. 사회에 우리의 삶과 생각을 형성하는 일곱 가지 영향권들이 있다는 것이다. 이 영향의 산들은 하나님 왕국의 방향으로 선 사람들에게 침노되어서 사회에 변화가 일어나도록 해야 한다. 이 산들은 다음과 같다.

- 가정
- 교회
- 교육
- 미디어(전자 미디어와 출판 미디어)
- 정부와 정치
- 공연예술(연예계와 스포츠를 포함한)
- 상업(과학과 기술을 포함한)

하나님께서 중대한 젊은이들의 운동을 이끄는 두 사람에게 이 통찰력을 주셨다는 것은 흥미로운 사실이다. 하나님께서 전체 세대가, 그것이 어떤 타이틀을 가져오든지 상관 없이 그들의 소명을 가치 있게 여기기를 바라시며, 완전하고 전체적인 변화를 위해 문화를 침노하도록 가르치고 계신다는 것이 분명하다. 하나님께서는 "세상 나라가 우리 주와 그 그리스도의 나라가 되어"(계 11:15)라는 그분의 말씀을 완전히 성취하기를 의도하고 계신 것이다.

다음의 목록은 원본과는 조금 다른 것이다. 이것은 더 낮게 만든 목록은 아니지만, 그 원리들을 우리가 적용하는 것을 더 정확하게 대변하기 위해 약간 다른 강조점을 가지고 있다. 이들은 사업, 교육, 교회, 가정, 예술·연예, 과학과 의학, 그리고 정부(중요성에 따라 순서를 정한 것은 아니다)이다.

지혜는 이 침노를 효과적으로 하기 위해 필수적인 요소이다. 우리는 다음 세 가지 단어로 지혜를 정의했다. 도덕성, 창의성, 그리고 우수성. 이는 하나님의 마음을 나타내는 것이며, 우수함을 표준으로 붙든 상태에서 언제나 도덕성의 맥락 안에서 삶 가운데 창의적인 해결안을 가져온다는 것이다. 이것은 하나님 왕국이 하나님을 영광스럽게 하고 인간 삶의 문제들을 해결하는 방법으로 펼쳐지는 데 필수적인 역할을 하는 것이다.

사업

많은 그리스도인들이 사업의 세계에서 총애받고 자리를 잡아보려고 노력하지만 비참하게 실패하는 경우가 있다. 번영 없이 그 세계에서 총애를 얻는다는 것은 어렵다. 번영은 그 경쟁의 장에서는 일차적인 성공의 잣대이다. 세상에는 다른 면에서는 엉망진창이면서 재정적으로만 위대한 성공을 거둔 이야기들로 가득하다. 사람들은 본능적으로 양쪽 모두를 원한다. 외적 그리고 내적인 성공. 하나님 왕국의 사업가는 돈에만 초점을 맞추지 않으므로 좀더 완전한 성공의 그림을 보여 줄 기회가 있는 것이다. 여러 면을 가진 그리스도인들의 삶의 축제가, 매일 이를 악물고 "돈이 성공이다"라는 덫에 소망 없이 걸린 자들의 관심을 얻게 될 것이다.

삶의 모든 부분에 공개적인 사역의 자리가 있긴 하지만, 일반적으로 믿지 않는 사업가에게 총애를 받는 것은 외적으로 복음을 전파하는 일이 아닌 경우가 많다. 그것은 전반적인 삶의 접근 안에서의 하나님 나라의 질서이다. 스스로에게, 가정에서, 사업에서, 그리고 공동체 안에서.

세상조차도 돈이 성공의 유일한 척도가 아님을 알고 있다. 사업을 하는 사람들 거의가 그들의 노동의 대가로 돈보다 훨씬 그 이상의 것을 바란다. 기쁨, 행복한 가정의 삶, 인정받는 것, 그리고 의미 있는 교제 관계 등 간단한 것들이 삶의 참된 번영의 일부분이다. 주님의 사랑하는 자였던 요한은 이것을 "영혼의 잘됨"이라고 일컬었다(요3서 2장 참조). 이 추구함과 섞인 것은 중대성에 대한 외침이다. 하나님 왕국의 사업가는 그들의 삶에 대한 접근으로 이 요소들을 균형 있게 묘사할 각오가 되어 있다. 우리가 살고 있는 지역의 빈곤한 사람들을 돕는 일, 그리고 도움을 주는 것과 희생을 요구하는 다른 프로젝트에 참여하는 것을 비롯해 세상의 구제에 특별히 노력하는 것은 하나님 왕국의 사업을 하는 사람에게 하나님의 은총이 있는 것을 더욱 명확하게 해 줄 것이다.

한 남자가 믿는 사람이 운영하는 중고차 회사에서 차들을 팔았다. 어떤 여성이 왔을 때 그는 그녀가 굉장히 어려운 상황에 처해 있다는 것을 알아차렸다. 성령의 인도하심에 따라 그는 그 여인에게 상당히 깊게 사역할 수 있었다. 그녀는 하나님께 마음 문을 열고 마음의 치유를 받았다. 다 끝났을 때 그는 그 여인에게 말했다. "당신이 나에게 마음 문을 열었기 때문에 나는 당신에게 차를 팔 수 없습니다. 제가 그렇게 한다면 정당하지 않을 거예요. 대신 당신이 원하는 차를 고를 수 있도록 다른 판매원을 소개시켜 드리겠습니다." 그는 그 여인이 감정적으로 연약한 상태에서 자신이 그녀에게서 이득을 챙길 수 있는 가능성 때문에 가까이 오는 것을 원하지 않았던 것이다.

크리스 벨로튼은 자동차 수리 가게와 몇 개의 자동차 부품 가게를 소유했었다. 어떤 사람이 그의 가게에서 바퀴와 테두리들을 훔쳐갔다. 그러나 그 남자는 크리스가 자신이 도둑이란 것을 모르는 줄 알고 그의 수리점에 차를 몰고 왔다. 그 고객이 비용을 지불하고 차를 가져가기 위해 왔을 때, 크리스는 그를 사무실로 데리고 가서 말했다. "나는 당신이 나의 바퀴들과 테두리들을 훔쳐간 것을 알고 있습니다. 그리고 용서한다는 것을 보여 주기 위해 우리가 당신의 트럭에 작업한 것을 무료로 해드리죠." 그 남자는 자신의 차로 가서 한 5분간 소리 없이 아무것도 하지 않고 허공을 쳐다보며 앉아 있었다(때로 어떤 사람은 잊을 수 없는 복음의 팸플릿을 받을 때가 있다. 이 남자는 '완불'이라는 도장이 찍힌 팸플릿을 받은 것이다).

그리고 다음에는 자신의 동료직원을 곤경에 빠뜨리기를 원했던 한 사람의 웃기는 이야기가 있다. 그는 상사에게 말했다. "제가 그의 사무실을 지나갈 때마다 그는 창 밖을 내다보고 있습니다. 그는 해고 당해야 마땅합니다!" 그의 상사가 대답했다. "그를 그냥 두게나! 바로 엊그저께 그는 그냥 창밖을 바라보면서 30만 달러 넘게 절약할 수 있는 아이디어를 생각해 냈다네."

창의력은 하나님 왕국의 사업가에게 필요한 요소이다. 이는 그들의 임무에 있어 모험이 중심부를 차지하게 하는 모험을 유지시켜 주는 신선한 아이디어들을 가져온다. 하나님 왕국의 목적을 위해 부를 이동시키기 위한 지혜의 표현을 하나님께서 사용하심으로써, 그리스도인들의 공동체 안에 재치 있는 발명이 늘어나게 될 것이다.

"네가 자기의 일에 능숙한 사람을 보았느냐 이러한 사람은 왕 앞에 설 것이요 천한 자 앞에 서지 아니하리라"(잠 22:29). 이 구절은 우리에게 두 가지를 말해 준다. 첫째는 우수함을 추구하는 삶의 결과로써 그들은 영향력 있는 사람들에게 영향을 미치게 될 것이다. 둘째로, 왕들이 우수함을 요구한다. 많은 이들이 빨리 돈을 벌기 위해 이 영역에서 타협을 하는데, 실은 장기간의 부를 제공하는 것은 우수함인 것이다. 그것은 "근심이 없는 부"인 것이다(잠 10:22 참조). 우수함은 하나님 나라의 가치이며, 종교적 영으로부터 나오는 그의 모조품인 완벽주의와 혼동되어서는 안 될 것이다. 승진을 위한 가장 확실한 길 중의 하나는 우수함이다.

교육

흔히 교회는 세상의 체계의 학대에 반발하고, 우리가 거부했던 것에 상응하게 위험한 실수를 창조해 내곤 한다. 교육의 영역보다 이것이 사실인 영역은 없을 것이다. 진리의 잣대로 이성만이 적당하다고 믿는 서양의 사고방식은 복음을 경시했다. 사도 바울이 고린도 전서에서 씨름했던 이 세계관은 우리의 교육 문화에 의해서 받아들여졌다. 이는 적그리스도의 본성을 가지고 있다. 초자연적인 진리가 무지한 사람들의 평가 대상이 되는 것이다. 그러나 이 문제의 해결은 교육을 거부하는 데 있지 않다. 그 해답은 침노하는 데 있다. 우리가 거부하게 되면 보존해야 하는 세상의 소금된 자리 물러나게 되는 것이다(마 5:13).

하나님께서는 누구와도 변론하실 의향이 있다(사 1:18 참조). 하나님은 자신의 이해와 주장에 대해 광장히 자신 있으신 분이다. 그분은 또한 자신의 통찰한 바에 대해, 자세한 조사도 감당할 수 있는 증거들로 뒷받침하신다. 교육의 산은 젊은 세대의 생각과 기대를 중요하게 형성하므로, 교육체계를 침노하는 것은 필수적이다. 오늘날 연예계가 젊은 사람들의 생각을 형성하는 데 더 많은 역할을 한다고 주장할 수도 있겠으나, 일반적으로 연예계 사람들의 생각을 형성하는 것은 교육가들이다.

대부분의 젊은이들은 평생의 삶을 이 땅에서 살 것이라고 믿으며 그에 따라 계획한다고 믿기만 하면 된다. 모든 것을 하나님 왕국의 사고방식으로 하며, 교육받고, 결혼하고, 자녀를 낳으라. 성령의 부으심을 받은 너무 많은 세대가 '주님의 일'을 하기 위한 훈련과 교육에 대한 소원함을 스스로 몰수한다. 고귀하게 들릴지는 몰라도 이는 우리가 언제든지 금방 이곳에서 들림을 받을 것이라는 생각이 뒷받침하는 진짜 사역에 대한 오해로 인한 것이다. 우리는 주님과 언제든지 함께 할 수 있도록 준비해야 하므로, 이것은 민감한 주제이다. 그러나, 교회가 믿는 자에게는 세속적인 직업이란 없다는 가치관을 되찾게 되면, 이전 세대에서 거의 가치를 두지 않았던 사회적 지위에 대한 존중함이 다시 생길 것이다. 천국에 대한 소원함은 옳고 또한 건강한 것이다. 그러나 그것이 우리의 사명을 대체해서는 안 되는 것이다. "나라이 임하옵시며 뜻이 하늘에서 이룬 것같이 땅에서도 이루어지이다"(마 6:10 NASB). 우리는 그분의 재림을 기다리며 구름을 쳐다보도록 부르심 받지 않았다(행 1:11 참조). 우리는 그분이 다시 오실 때까지 '침노하도록' 부르심을 받았다(눅 19:13 KJV 참조). 차지한다는 것은 군사적 용어이다. 그리고, 하나님 왕국의 가치관에 의하면, 침노는 항상 전진의 목적을 가지고 있다.

어린이들은 교육을 받고, 교육가들이 되어야 한다. 그러나 이 목표는 하나님 왕국의 사고방식 없이는 완전하지 못한 것이다. 우리는 위험한 곳에 아이들을 보내어 훈련을 시키는 것이다. 그들의 학교를 조심스럽게 선택하라. 아이들을 훈련시키는 한 명 한 명의 교사는 당신에게 위임받은 권위자이다. 성경은 얼마나 그 의도가 고귀하든지 간에 어린이들을 훈련시키는 권한을 정부에 맡기지 않는다. 그것은 여러분에게 책임이 있는 것이다. 그러므로, 기도하고, 기도하고, 또 기도하고, 교육하고, 교육하고, 또 교육하라.

우리는 한 음식점에서 열 명 중 한 사람만이 식중독으로 죽었더라도 자녀를 그곳에 보내지 않을 것이다. 그러나 우리는 교육 체계 안에서 잘못된 확률이 10분의 1이 넘는데도 매일 그런 식으로 하고 있다. 우리는 흔히 자녀들을 무방비 상태로, 믿음을 손상시키고, 궁극적으로는 하나님과의 관계를 손상시킬 체계에 내어 보낸다. 그 해답은 사회로부터 철수해 가정을 보호하기 위해 산으로 올라가는 것이 아니다. 그 해답은 훈련시키고 침노하는 것이다. 우리의 훈련은 그것이 진짜라면 그들의 것보다 우수하다. 왜냐하면 그것이 하나님과의 개인적인 관계에서 비롯되었고, 신적인 만남으로부터 변화받는 것을 포함하기 때문이다.

이미 교육 체계에 들어가 있는 신자가 있다면, 하나님 왕국의 사고방식으로 침노하라. 이러한 방식의 생각은 폭풍우와 갈등 속에서도 안전하게 배를 정박시키는 역할을 해준다. 그것은 또한 당신을 열등한 그리스적인 사고방식으로 말미암은 난처한 문제들의 해답을 제공하는 자리에 있게 할 것이다. 거의 모든 잘못된 아이디어들은(잘못된 신학을 포함한) 단 한 번의 신적인 만남이면 충분할 망각이다. 우리는 사람들을 하나님과 만나게 해주어야 할 책임이 있다. 그리고 그것이 바로 당신이 영향력의 산으로 가지고 들어가야 할 것이다.

대부분의 사람들은 알지도 못한 채 어둠의 왕국의 영향 아래 살고 있다. 그들은 하나님 왕국과 믿는 자들에게서 해답을 찾을 수 있는 문제들로 괴로워한다. 우리에게는 다른 세계로부터 사람들의 필요를 채워 주는 해답을 제공해 주기 위한 지혜와 능력이 있다.

벧엘교회에는 우리에게 방과 후 프로그램의 일부를 제공해 주기를 요청하는 학교들의 목록이 있다. 왜일까? 우리가 지배하기 위해서가 아니고, 섬기기 위해 곁에서 도왔기 때문이다. 우리 팀에게 주어진 자유는(현재 한 주에 일곱 학교이다) 심히 놀라운 것이다. 다수의 믿는 사람들이 우리가 하고 있는 것은 불가능하다고 생각한다. 그리고, 교회가 교육 체계와 적대관계에 있는 한 이것은 불가능하게 남을 것이다.

성경말씀을 통해 우리는 하나님의 백성들이 섬기기 위해 나서면 하나님께서 그것을 뒷받침해 주시는 것을 본다. 학교들은 우리에게 도움을 요청하고 있다. 그들은 우리가 30년 전에는 들어보지도 못한 문제들을 매일 당면하고 있다. 이제 우리가 하나님의 영광을 위해 침노하고, 섬기고, 빛날 때가 된 것이다!

윤리적인 가치관은 도덕성의 기초이고 또한 하나님의 성품에 근거하고 있다. 초자연적인 교육가는 다른 이들이 가지고 있지 않은 안정적인 영역에 들어갈 수 있다. 그것은 믿는 자가 되어야만 도덕성이 있다는 뜻은 아니다. 많은 신자들이 도덕성을 가지고 있다. 그러나 성품의 영역에 있는 초자연적인 요소는 부활하신 그리스도의 영이 안에 살고 있는 사람들을 위해 예비된 것이다. 젊은이들은 도덕적인 교육자들이 필요하지만, 그들 또한 믿어 줄 사람들이 필요하다. 젊은이 안에 있는 보화를 끄집어 내면, 그가 영원히 그렇게 살도록 만들어 줄 수 있다. 이러한 교육가들은 다른 사람이 수확할 씨앗을 뿌리게 되는데, 이것이 하나님 왕국의 기쁨인 것이다. 어떤 말씀도 헛되이 되돌아오지 않는다(고전 3:5-9와 사 55:11 참조).

우리 교회 안에 하나님 왕국의 원리를 통해 많은 어린이들이 학습 장애를 이겨 내는 방법을 알아 낸 교육가들의 팀이 있다. 이러한 창의적 표현은 신적인 영감으로 그들에게 다가왔다. 이는 하나님 왕국의 신비에 합법적으로 들어가 취할 수 있으며, 그 비밀들을 필요로 하는 사람들에게 가져다 주어야 한다는 책임을 깨달은 결과이다. 이것이 그들의 영향력 안에 있는 모든 사람들의 삶에 영향을 미치는 것이다. 우리가 직면하는 모든 문제에는 해답들이 있다. 우리가 지금 아는 바보다 훨씬 더 우월한 훈련 방법들이 있다. 스스로가 그리스도 안에서 누구인지 아는 하나님 왕국의 사람들은 그들 주위의 모든 이들이 혜택을 입을 이 비밀들에 다가가 취할 것이다.

우수성은 학생들에게 좋은 성적을 따도록 훈계하는 것 이상이다. 이는 하나님의 선물로서, 자연적이고 초자연적인 현실의 자원의 최대치를 모두 사용하는 것이다. 어떤 이들은 무엇이든지 잘하는 것 같이 보이는 경우도 있고, 또다른 이들은 은사와 재주가 주어진 날에 어디 다녀온 것 같은 경우도 있다. 현실에서는 각각의 사람이 하나님께서 우수하도록 만들어 주신 영역이 있으며, 그 영역을 어린이에게서 발견하는 것이 지혜로운 교육자의 역할인 것이다. 우수한 교사는 우수성을 스스로 찾을 수 없는 이들이 그것을 발견하도록 해 줄 것이다.

연예

연예는 예술과 프로 스포츠, 그리고 미디어를 포함한다. 최근까지만 해도 연예계는 너무나 세속적이어서 믿는 자들이 들어가는 것이 금지된 영역으로 여겨 왔다. 그곳은 빛보다 어두움이 더 강하다는 인식에 사로잡혀 왔었다. 연예는 반드시 침노되어야 하는 영향력의 산이다. 그 영역이 '거룩하지 못하다'는 비난은 사실이지만, 불행하게도 이것은 또한 스스로 달성되는 예언이기도 하다. 우리가 침노하지 않은 어떤 영역이나 우리의 부재로 인해 더욱 어두워질 것이다. 우리는 "세상의 빛이다"(마 5:14). 우리가 침노하는 데 실패하는 사회의 영역은 어둠으로 인해 소망이 없어진다. 침노는 빛이 해야 할 의무이다.

이것은 교화를 주 목적으로 해야 하는 영역이다. 이것이 타락하면 도적질하고 강탈한다. 그러나, 그의 일차적 기능은 창조하는 것이다. 레크리에이션이라는 것이 이로부터 유래한 것이다. 다시 재창조하다! 그것은 창조적이기만 한 것이 아니라 창조해야 한다.

천국은 우리가 원하는 바이다. 모든 창의적 꿈은 천국에서 이루어진다. 너무나 좋은 소식은 우리가 믿음의 기도를 통해 그 영역에 들어갈 수 있다는 것이다. 예를 들면, 천국의 소리 중 땅이 전혀 들어보지 못한 소리가 있다. 음악가가 현실에 접촉해 그 소리를 땅에 전달한다면, 천국은 동의함을 찾은 것이고, 그리고 침노하게 될 것이다. 모든 예술은 하나님의 성품에 그 기원이 있다. 구체적으로 말하면, 이는 그분의 거룩함에서 찾아진다. 성경은 말씀하기를 "거룩함의 아름다움에서"(시 29:2)라고 한다. 거룩함이 하나님의 백성으로부터 이렇게 천대를 당하는 것은 비극이다. 그것은 하나님의 본질이며, 그분의 성품이다. 아름다움은 그 한 면에서 흘러나오는 것이다(역하 20:21 참조).

내가 어렸을 때에는 이 영향력의 산에 그리스도인들이 별로 없었다. 나는 야구를 몹시 좋아했고, 야구를 하고 있는 그리스도인은 단 두 명 알고 있었다. 아마 더 있었겠지만, 내가 말하고자 하는 요점은 그렇게 흔하지 않았다는 것이다. 오늘날에는 진정한 그리스도인들이 큰 비율을 차지하는 많은 팀들이 있다. 예술의 영역도 마찬가지다. 어떤 분야도 손닿지 않은 곳이 없다. 하나님께서는 영향력의 전략적 요충지에 그분의 마지막 때 군사를 심어 놓고 계신다.

멜 깁슨의 영화 〈패션 오브 더 크라이스트〉(역자 주: The Passion of the Christ — 예수의 고난)는 이 산에서 일어나고 있는 변화에 대한 간증이다. 창의력이 사상 최대로 낮은 가운데 이 영역의 문은 크게 열려 있다. 부도덕성, 질투, 증오, 그리고 복수가 진짜 창의력의 엉터리 대용물이다.

이 산의 도덕성 영역에는 커다란 빈 공간이 있어 진정한 하나님 왕국의 사람들이 빠르게 드러나야 할 것이다. 그러나, 우리는 그리스 도인들이 마주하게 될 세상의 기준에 맞추게 하려는 압력에 대해서 무관심할 수 없다. 다른 이들에게 걸림돌이 되는 것이 많은 이들에게 예술의 형태가 되었다. 사람들은 다른 이들을 부도덕함에 빠지게 함으로써 그들의 스타일을 정당화하려고 한다. 그러나, 참된 기초가 있는 사람들에게는 하늘이 한계이다. 위기 때에는 사람들은 언제나 안정적인 사람들을 찾게 될 것이다. 도덕성이 실망과 수치의 땅에서 헤매고 있는 자들의 횃불이 될 것이다.

이 영향력의 산에서 창의력이 가장 큰 도전인 것처럼 보인다. 사실은 그 반대이다. 작가, 디자이너 등은 창의력을 육감적인 것으로 대체했다. 이것이 진정한 독창성의 영역에 큰 격차를 남겼다. 누구든지 쓰레기를 복사하려는 압력에서 벗어난 사람은 자동적으로 창조하는 입장에 서게 될 것이다. 영으로 기도하는 것과 하나님의 임재 가운데 적셔지는 것을 배우는 것은 이 산을 침노하려는 사람들에게 큰 강점을 줄 것이다. 천국이 우리가 찾는 것이다. 그리고 당신은 가서 그것을 취해야 할 것이다. 최고의 소설과 연극은 아직 쓰여지지 않았다. 인간의 귀에 아름다움을 더할 가장 아름다운 선율은 아직 발견되지 않았다. '천국의 자리에 앉아 보는 경험'을 하며 하나님을 들을 줄 아는 귀를 가진 사람들은 어떤 세대도 보지 못했던 것들을 들어가 취할 수 있을 것이다.

많은 사람들이 마귀가 모든 좋은 음악을 가졌다고 잘못 생각해 왔다. 마귀는 창의적이지 못하다. 비극적인 것은 마귀가 너무 많은 것의 공을 차지하고 있는데, 심지어 교회까지도 그렇게 믿는다는 것이다. 어떻게 거룩하지 못한 자가 아름다운 음악이나 뛰어난 영화의 각본을 쓸 수 있단 말인가? 어떻게 그들이 아름다운 작품을 그리거나 숨을 죽일 만큼 아름다운 건축물을 디자인할 수 있단 말인가? 그들은 하나님의 형상대로 창조되었으며, 하나님은 인간들이 반역할 때 그 구별되는 면모를 없애 버리지 않으신다는 것이다(롬 11:29 참조). 근래에 하나님 왕국의 사고방식을 가진 믿는 자들이 우수성 면에서 세상을 따라잡거나 또는 어떤 면에서 그보다 더 앞선 경우들이 있고, 앞으로도 계속해서 그렇게 할 것이다.

교회

예수님께서는 제자들에게 생각에 영향을 미칠 수 있는 종교의 잠재적인 능력에 대해 경고하시며 말씀하셨다. "바리새인들의 누룩과 헤롯의 누룩을 주의하라"(막 8:15). 바리새인들의 사고방식은 모든 것의 가장 중심에 놓기는 하나, 그분을 비인격적이고 무능하게 만든다. 그들의 하나님은 거의 신학이나 가정의 영역에 머무르고 있다. 그들은 편리한 전통과 스스로를 충족시키는 데 매우 능하다. 그러나, 종교적인 공동체 안에는 실제로 하나님 왕국은 얼마 없다. 하나님 왕국은 지성이 새로움을 입은 자들에게 활짝 열려 있다.

종교적 공동체의 많은 사람들은 많이 성산한다. 그리고 그들이 누군가 순수함과 능력을 성경의 말씀대로 실천하는 사람을 보게 되면 그들 속에서 무언가가 일어난다. 그들은 그것이 사실이기를 바란다. 단지 그들은 예가 부족할 뿐이다. 하나님 왕국에 기반을 둔 사람들은 굉장한 반대 가운데 커다란 기회들이 있다. 그러나, 그 상급은 모든 위험부담의 가치가 있다.

흔히 예배에 참석하는 사람들의 수, 책이나 CD가 팔린 수, 또는 얼마나 많은 사람들이 그들의 TV 프로그램을 시청하는지로 성공이 평가된다. 이 영향력의 세계에서 가장 공통된 두려움은 '누군가가 나의 양을 훔쳐갈지 모른다는 것'이다. 다른 리더의 성공에 개인적인 이득을 얻으려는 계획이 없이 헌신하는 것이 이 산을 침노하는 데 있어 필수적이다. 외적인 성공의 기준을 무시하는 것이 이 영역에 있는 리더에게 왕국의 가치관을 더 중요하게 생각하게 할 것이다. 열정, 순결, 능력, 그리고 사람들.

이 영향력의 산을 침노하기 위해 자비심은 우리가 가져야 할 가장 훌륭한 도구이다. 우리 네트워크 안의 어느 한 교회가 지역의 천주교 고아원을 접촉하고 싶어 했다. 그들은 개신교와 천주교가 함께 일하지 않는 나라에 있었다. 그들은 강단에서 서로에 대항해 설교하는 것으로 알려져 있다. 그 목사가 대화하려고 다가가자 신부는 방어적으로 나왔다. 그러나 목사는 신부에게 고아들을 향한 그들의 마음에 경의를 표하는 기회를 원한다고 했다. 목사는 개신교의 누구도 하기를 원하지 않았던 것을 하고 있다고 언급했다. 목사는 어린이들에게 필요한 것이 없는지 물었다. 신부는 그 아이들이 신발이 필요하다고 이야기했다. 재정이 한정되어 있음에도 불구하고, 그 개신교 교회는 고아원 아이들에게 신발을 사주었다. 이 특정한 교회가 그렇게 하기 위해서 희생한 것은 몇 장의 종이에 글로 담을 수 없을 정도이다. 그러나 이 단순한 사랑의 표현으로 인해 이 지역의 모든 교회들은 진정한 복음을 보여 주는 데 크게 성공하고 있다. 그리고 그 도시는 지난 수십년간 그 지역에 영향을 미쳐 왔던 종교적 반목으로부터 치유되었다.

윤리와 도덕은 우리에게 문제가 있지 않은 영역이어야 한다. 그러나 이것이 사실이 아니다. 나는 이혼과 부도덕 면에서 교회(진정한 교회)와 세상의 통계와 같다는 사실을 믿지 않는 한편, 그 통계 수치가 너무나 높다는 것은 부인할 수 없다. 신적인 만남, 성경 말씀의 정확한 가르침, 그리고 몸된 교회 안에서의 서로에 대한 책임은 이 문제를 바꿀 수 있도록 도와줄 것이다. 의로운 사람들은 의로운 동료 압력(역자 주: Peer pressure라고 한다)을 제공할 수 있다. 교제가 희생적일 정도로 가치가 인정될 때, 그 교제 안에 있는 사람들이 빛 안에서 행하게 될 것이다. 공공연하게 도덕성과 책임의식을 가지고(히 13:15-16 참조).

교회는 새로운 아이디어가 아니라 낡은 관습으로 알려져 있다. 다행히 그 영역에서 커다란 변화가 일어나고 있다. 변화 자체를 위한 변화는 대부분 건강하지 않겠지만, 변화에 반대하는 사람들은 주로 성령에 저항하는 사람들이다. 누군가 창의성으로 알려진다면, 그것은 창조주가 그분의 형상대로 만드신 존재들이어야 할 것이다. 거듭난 믿는 자들. 일을 더 낫게 하는 방법들이 있다. 그리고, 교회는 이것을 이끌어 가는 위치에 있어야 한다. 문화적 연관성은 당연히 이 시대의 외침이어야 하지만, 그것은 반드시 권능과 연관되어 있어야 한다.

교회는 자주 우수성의 낮은 길을 선택해 왔는데, 이는 겸손함을 잘못 이해한 데서 비롯된 것이다. 그러나, 그 선택의 흐름은 주로 믿음이 적은 데서 비롯되고, 또한 겸손에 그 탓이 돌아가게 되는 것이다. 우수성은 "우리의 최선을, 그분의 영광을 위해!"라고 선포하는 진정한 겸손의 표현이 될 수 있고 또, 되어야만 한다. 가장 큰 결과를 가져올 수 있는 대부분의 영역들이 가장 큰 위험부담을 가지고 있다. 이것도 예외는 아니다. 우수성은 하나님 왕국이다. 완벽주의는 종교이다. 가난은 악령적인 것이다.

가정

가정에 가해진 압력은 이 영역을 가장 쉽고 가장 중요한 침노의 과제로 만든다. 마치 가정의 단위를 파괴하기 위한 것처럼 보이는 이들조차도, 본능적으로 건강한 관계, 중요성, 그리고, 유산을 남기기를 목말라 한다. 이 산에 영향력을 미치기 위해 모든 가정들이 해야 할 일은 건강해지고, 숨지 않는 것이다. 관계가 건강하고 거룩한 훈계의 경계선이 손상되지 않았다면, 그리스도인의 가정의 영향력에는 한계가 없다. 문제가 일어나는 부분은 그리스도인의 가정은 불신자와 관계하지 않는다고 하는 한편, 그들과 비슷한 가치관과 습관을 유지하는 거짓 경건의 기준인 것이다. 그 정반대가 우리의 목표라야 한다. 잃어버린 영혼들과 섞이고 관계하지만, 그들의 가치관과 습관을 따르지 않는 것이다. 그렇게 함으로써, 소금과 빛된 자들로서, 그들을 소명으로 인도하기 위해 우리는 보존하고 드러내는 적절한 효과를 내게 되는 것이다. 의도적인 건강한 가정들은 건강한 가정들을 길러내게 된다.

우리 지역의 고등학교 중 한 곳은 몇 명의 학생들로 인해 문제가 있었다. 부모님들은 자녀에 대한 통제권을 잃어버렸고, 어떻게 해야 할지 전혀 몰랐다. 그 학교는 이 학생들을 영구적으로 퇴학시키는 것을 고려하고 있었다. 그 학교의 교장 선생님은 우리 교회의 목사님 두 분에게 가정생활에 대한 특별한 은사가 있다는 것을 발견했다. 그들의 마음은 군림하거나 차지하려는 것이 아니었다. 그들은 단지 섬기고 싶어했다. 교장 선생님은 큰 위험부담을 안고 두 분 목사님들에게 문제 학생의 부모님들에게 기능을 잘하는 가정생활을 멘토링해 달라고 요청했다. 그 가정 내의 관계의 변화는 놀라웠다. 전에 부모님들의 면전에 대고 욕지거리를 했던 사춘기 아이들이 밤에 잠자리 들기 전에 온 가족이 보드게임을 하자고 제안했다. 어떤 아이들은 매일 저녁 규칙적으로 대화의 시간을 가질 것을 요청했다. 그 방향전환은 너무나 놀라워서 다른 공립학교들도 이 팀에게 와서 자기 학교의 학부형들에게도 멘토링해 달라고 요청해 대기 리스트가 있을 정도이다.

학부형들이 아이들을 양육하는 거룩한 성품과 지혜를 가질 때, 그들은 그리스도의 사랑과 도덕성을 반영하는 가정을 생산하는 것이다. 어린이들이 만약 교회와 가정에서 다른 기준을 보며 자라난다면, 그들은 기준이라는 것 자체에 대해 반항하게 되는 것이다. 반대로, 이 양쪽의 도덕성이 공적이고 사적인 눈에 비추어 진실하다면, 어린이들은 부모님들의 발자취를 따르기 위해 필요한 대가를 치르려 할 것이다.

이곳이 바로 적은 노력이 큰 영향으로 변화하는 영역인 것이다. 대부분의 가정들은 삶의 모험을 실제 의도적으로 살지 않는다. 이러한 모험을 끌어안는 것은 창의적인 표현이 표면에 떠오르게 하는 장소를 마련해 주는 것이다. 나의 아내는 우리 가정에 이런 면에 있어서 잘해 왔다. 그녀는 천성적으로 모험을 좋아하고, 내가 긴장감으로 인해 뜻하지 않게 부숴버릴 수 있는 기쁨을 많은 어떤 것들에 더하곤 한다. 나는 아내로부터 배웠다. 가정에서 아내가 창의성을 추구하기 때문에 우리 가정은 더 나아졌다…그리고 나도 더 나아졌다.

이는 단순하게, 우리가 언제나 최선을 다해야 할 것을 뜻한다. 때로는 재정이 빠듯하다. 우수성은 가장 좋은 차나 가장 값비싼 옷을 사는 것으로 측량될 수 없다. 오히려 그것은 우리의 삶에 접근하는 방식으로 드러난다. 우리의 모든 것을 그분을 위해. 아주 괜찮은 일 아닌가!

정부

예수님이 '열방의 소망'이라는 것을 아는 것은 우리가 이 영향력의 산에 접근하는 것을 격려해 준다. 이는 우리가 해야 하는 단순한 임무는 그 소원하는 분을 가시적으로 보이도록 하는 것이다.

정부는 유권자의 표수에 대한 두려움으로 절름발이 상태이다. 고귀한 사람들이 이 세계에 발을 들이고 나서 그 위압감의 제단에 그들의 꿈을 잃어버리고 만다. 헤롯의 누룩이 많은 이들을 독살하는 것이다(막 8:15 참조). 그러나 지금 이 시대를 위해, 오직 하나님만을 경외하며 여론의 광산을 유유히 춤출 수 있도록 하는 지혜로 사는 이들이 길러지고 있다. 이것이 정부에서 효과적으로 일하는 대가인 것이다.

이 영향력의 산을 올라가는 사람들은 예수님처럼 반드시 "하나님과 사람들에게 더욱 사랑스러워 가는"(눅 2:52) 것이 필요하다. 잠언이 이 부분에 있어 가장 실제적인 가르침을 줄 수 있을 것이다. 매일 한 장씩 잠언을 읽는다면 이 영역의 리더들에게 방향성을 주어서, 하나님 왕국에 해결안이 없는 문제가 없도록 해 줄 것이다.

최근 우리 교회 성도 중 한 여성이 아랍 국가에서 미연방 국무성에서 일하게 되었다. 그녀는 그 나라의 교육 체계에 좋은 의견을 제공해 달라고 요청받았다. 그 나라는 고등학교 남학생들의 훈육 문제를 안고 있었다. 그 나라에서는 그 정도로 여성에게 권한을 허락하는 일이 거의 없음에도 불구하고 그녀에게 주어진 은총은 문화의 장벽보다 더 큰 것이었다. 그녀는 우리 교회의 삶의 원칙들을 기초로 하여 이 주제에 대해 이야기하고 논문을 썼다. 모두 하나님 왕국의 훈육의 원칙이었다. 그 나라 교육계 리더들은 그 논문에 너무나 감탄해 그 내용을 전국의 교육 체계의 훈육 기준으로 도입시켰다. 미대사관도 그와 같이 반응하여 전 세계의 대사관에 그 논문을 보냈다.

도덕성과 정치가라는 단어가 함께하는 것이 터무니 없는 모순으로 여겨지는 것은 참으로 불행한 일이다. 하나님의 말씀은 진리로 남는다. "의인이 형통하면 성읍이 즐거워하고…"(잠 11:10). 사람들은 본능적으로 정직하고 의로운 사람들에게 다스림받고 싶어 한다. 사람들은 이기주의적이지 않으며, 전체의 이익을 위해 희생적으로 다스릴 리더들을 원한다. 이것이 바로 우리가 왕처럼 섬기고 종처럼 다스리는 예수님의 기준을 받아들일 부분인 것이다. 이것이 하나님의 방식이다.

여론조사에서 지명도가 떨어짐으로 인해 믿는 자들이 믿지 않는 반대편의 정치적 전술에 끌려가는 것은 슬픈 일이다. 선거 유세로부터, 지혜 있는 자들로 그들을 둘러싸서 좋은 결정을 내리게 하는 것까지 더 낫게 할 수 있는 방법이 있다. 이 모든 것은 창의성의 지혜에 헌신된 사람의 표징이다.

정부의 가장 기본적인 역할 중 두 가지는 안전한 영역과 부강의 영역을 만들어 내는 것이다. 정부 리더들이 자신의 개인적 이득을 위해 권한을 사용하게 되면, 스스로의 카리스마를 타락시키는 결과를 낳게 된다. 우수성은 다른 이들을 위해 최선을 다할 때 발견되는 것이다.

과학과 의학

이 부분은 세상에서 점점 더 큰 영향력을 끼쳐 가고 있다. 치유의 징조 없이 질병은 증가하고 있다. 나는 신적인 치유를 믿고, 수천 명이 예수 그리스도를 통해 치유받는 것을 보아 왔지만, 의학의 개입에 대해서는 반대하지 않는다. 전체 의학계가 우리 사회를 통해 힘과 신뢰감과 영향력을 얻고 있다.

우리 사역의 목표 중 하나는 죽어 가고 있는 사람들과 있는 모든 이들을 위해 기도하는 것이다. 이는 의사와 간호사, 앰뷸런스 의료진, 요양원의 직원들, 경찰, 소방대원 등을 포함한다. 우리는 이러한 영향력 있는 자리에 의로운 사람들이 임명받기를 기도하는데, 이는 우리의 도시 안에서는 지옥에 떨어지는 사람이 없기를 원하기 때문이다.

우리 지역의 한 요양원의 권한 있는 자리에 한 여성이 가있다. 어떤 환자가 죽어 가고 있으면, 간호사들이 그녀를 불러서 그 환자와 함께 할 수 있도록 되어 있다. 필요하다면, 환자가 그리스도를 영접할 수 있게 기도해 주는 동안, 그녀는 환자의 가족들조차도 환자로부터 떨어져 있게 한다. 아마 이런 격언을 들어본 일이 있을 것이다. 여우 굴에는 무신론자가 없다―영원의 낭떠러지 끝에 있는 사람들에게도 같은 이론이 적용된다. 사람들은 죽음을 맞이할 때 진리에 대해 매우 수용적이다. 어떤 체계에 심어진 사람들이 표현하는 진실한 사랑과 자비심은 놀라운 추수를 거둘 수 있게 하는 것이다. 우리가 그저 섬기기 위해 낮아졌을 때 우리가 할 수 있도록 허락되는 일들은 놀라운 것이다. 사람들은 진정한 사랑과 종교적 의무를 완수하려고 하는 것의 차이점을 안다. 진짜 사랑을 반대하는 사람은 거의 없다.

그리스도와 같은 성품은 항상 다른 이들을 먼저 생각한다. 이렇게 존경받는 사업이, 이득을 얻기 위해 하는 수많은 의사들의 의심스런 결정으로 그 존경심을 잃었다.

병원들은 종종 자비심 없이 운영함에 따라 비판 대상이 되기도 한다. 그러나 그것이 전형적인 것은 아니다. 의료계 전문직에 있는 이 사람들이 시작할 때에는 최소한 진정한 자비심과 다른 이들을 돕고자 하는 소원함에서 시작했을 것이다. 다시 반복해서 말하면, 하나님 왕국에 기인한 사람들은 쉽게 눈에 띄게 될 것이다.

그리고, 이들 개개인이 하나님께서 고치신다는 것을 믿는다면 더 할나위 없이 좋다. 의료계 전문인들의 손을 통해 기적들이 날로 늘어나고 있다. 우리의 치유 예배에 참석하는 의사들 수가 극적으로 증가하고 있다. 사회의 한 부분 전체가 일으켜져서 자연적인 영역과 초자연적인 영역에서 함께 일하여 건강을 가지고 온다는 것은 아름다운 조화를 이룬다.

더욱 더 많은 그리스도인 의사들이 건강 문제에 대한 답을 찾기 위해 하나님께 훈련받고 있다. 치유가 훌륭하긴 하지만, 하나님께서 주신 건강은 그보더 훨씬 더 좋은 것이다. 믿는 자들은 이 주제에 대해 하나님 왕국의 신비에 들어갈 수 있도록 허락되었다. 마지막 때가 왔을 때 이스라엘 민족만이 신적인 건강을 경험하는 세대가 되도록 하는 것은 비극일 것이다. 그들은 우리보다 못한 언약 속에서 살았으며 하나님께 반역했다. 우리보다 못한 언약은 좀더 나은 약속을 만들어 낼 수 없다. 이 영향력의 산에 있는 사람들은 전 세계가 호전적으로 요구하고 있는 것을 들어가서 소유할 수 있게 되어 있다. 하나님께 구체적인 해답을 구한다면 의학에 관련된 사람들이 죽어 가는 세상에 진정한 창의성을 표현할 수 있을 것이다.

이 그룹의 전문가들은 우수성의 영역에서 유리한 출발을 하는 것인데, 이는 사회 안에서 그들의 역할에 대해 막대한 대가를 지불하는 데 익숙해져 있기 때문이다. 이들이 겸손한 마음을 끌어안는 한편 열정과 훈련을 유지한다면, 어떤 것도 불가능하지 않을 것이다.

하나님을 향한 열정은 다른 것들에 대해서도 열정을 일으킨다

열정과 격려를 입은 상태를 유지하는 것은 이 영향력의 산들을 올라가는 특권을 누리는 동안 필수적이다. 스스로에 의해서만 동기부여가 된 열정은 식게 마련이다. 하나님은 불타는 눈을 가지셨다! 하나님과의 잦은 만남은 우리 안에 있는 어떤 불꽃도 계속 타게 할 것이다. 그러나 격려는 좀 다른 문제이다. "방언을 말하는 자는 자기의 덕을 세우고"(고전 14:4 NASB). 랜스 월나우 박사는 이 덕을 세운다는 말에 흥미로운 의미를 부여한다. 그는 세운다는 말이 건물이라는 말과 연관 있다며, 방언하는 자는 그들의 삶을 향한 하나님의 목적들이 드러나는 건축물을 세운다고 했다! 아마도 이것이 사도 바울이 다른 어떤 이들보다 더 많이 방언으로 기도한다고 한 이유일 것이다. 그는 하나님을 위해 무언가 큰 것을 세우고 있었던 것이다!

우리는 흔히 영적인 영역과 세속적인 영역으로 나누어 생각하고, 그럼으로써 외적으로 영적이지 않은 분야로부터 우리의 영향력을 제거할 수 있다. 다음 장에서는 이 진리들의 실제적인 적용에 대해 다루어 보고, 하나님에 대한 우리의 사랑이 어떻게 다른 것들에 대한 사랑에 영향을 미치는지의 개념에 대해 확장시켜 보도록 하겠다.

6장

실제적인 면

당신에게 그것이 중요하다면,
하나님에게도 중요하다.

당신은 이런 말을 들어본 적이 있을 것이다. 하나님이 최우선이고, 가족은 두 번째, 그리고 교회는 세 번째… 이 비공식적인 목록은 과거에 혼란했던 그리스도인의 삶의 우선순위를 그려 줌으로써 중요한 구실을 한다. 이러한 하나님 왕국의 우선순위를 무시한 결과로 목회자들의 가정에 비극이 종종 일어나는 것을 볼 수 있다. 이 우선순위 목록이 좋긴 하지만, 이것이 정확하다고는 생각하지 않는다. 하나님께서 1순위일 때, 어떤 것도 2순위가 될 수 없다.

하나님에 대한 사랑으로 나는 그분께 내 자신과 아내, 그리고 아이들을 드린다. 이것은 주님으로부터 동떨어진 것이 아니라, 그분께 드려지는 것이다. 이것은 내가 하나님을 사랑하기 전에는 내 아내를 사랑할 수 없다는 말은 아니다. 많은 불신자들이 이것을 잘한다. 그러나 하나님을 알고 사랑함으로써, 하나님 밖에서는 취할 수 없는 초자연적인 사랑으로 들어가는 것이다. 누구든지 하나님께 온전히 바쳐진 사람은 다른 이들을 상상할 수 없을 만큼 사랑할 수 있게 된다는 표현이 맞을 것이다. 내가 교회를 지금처럼 사랑하는 것은 예수님에 대한 열정 때문이다. 하나님에 대한 나의 사랑이 바로 삶에 대한 나의 사랑이다. 그들은 나뉘어질 수 없다. 나의 가족, 나의 교회, 나의 사역을 사랑하는 것은 하나님에 대한 나의 사랑의 표현인 것이다. 하나님은 단 하나밖에 없는 일순위이시다.

종교는 이 과정을 파괴하는데, 이는 그것이 외적으로 드러나게 영적인 활동만이 하나님께 받아들여지는 섬김이라고 암시하며, 성경 읽기와 증거하기, 그리고 교회 참석과 연관 없는 활동은 진실한 그리스도인의 헌신이 아니라고 하기 때문이다. 종교는 영적이고 세속적으로 구분되는 그리스도인의 삶의 개념으로 우리를 끌고 간다.

이러한 이중의 삶을 살고 있는 사람은 살아남기 위해 우선순위 목록이 필요하다. 그렇게 하지 않으면, 그들은 다른 중요한 일들은 하지 않게 될 것이다. 그들의 하나님에 대한 개념은 그리스도인의 훈련이라고 생각되지 않는 것은 실제 열정이 일어나지 않는다.

어떤 이들에게는 의미론적인 문제로 여겨지는 것이 이런 이유를 위한 목적이 있다. 하나님에 대한 열정이 다른 것을 향해서도 열정을 품게 한다. 그리고 자주, 이런 다른 것들이 주님께 드려지는 것으로 추구되어야 하는 것이다. 우리는 이들을 하나님으로부터 멀어지게 하거나 하나님에 대한 헌신과 갈등을 일으키는 것으로 여기지 말아야 한다. 이에 대한 가장 좋은 예가 요한 일서 4장 20절에 나와 있다. 우리가 하나님을 사랑한다면, 그것이 다른 이들을 사랑하는 것으로 헤아림 받을 것이라고 한다. 이는 우리가 다른 사람들을 사랑하지 않으면, 하나님을 사실상 사랑하고 있지 않은 것이라는 절대적인 원리이다. 요점은 하나님을 향한 열정이 깨어날 때, 다른 것을 향한 열정도 일어난다는 것이다. 그러한 것들에 우리 자신을 내어놓음으로써 하나님을 향한 우리의 사랑을 증명하고 보여 주는 것이다.

나의 경우에는 세상을 사랑하는 것이 그리스도에 대한 헌신의 일부이다. 어떤 이들은 자연을 경배하지만, 나는 그 자연이 가리키는 창조주 그분을 경배한다. 가족, 사냥과 낚시, 산과 바다, 만년필, 그리고 프렌치 로스트 커피에 대한 나의 사랑은 모두 삶을 즐기는 것의 일부이다. 그리고 즐거움은 온전히 하나님과의 관계를 통해 탄생하는 것이다.

하늘이 하나님의 영광을 선포하고 궁창이 그의 손으로 하신 일을 나타내는도다 날은 날에게 말하고 밤은 밤에게 지식을 전하니(시 19:1-2 NASB). 창세로부터 그의 보이지 아니하는 것들 곧 그의 영원하신 능력과 신성이 그가 만드신 만물에 분명히 보여 알려졌나니 그러므로 그들이 핑계하지 못할지니라(롬 1:20 NASB).

다윗의 제일가는 기쁨

성경말씀을 통틀어 다윗은 '하나님의 마음에 합한 자'라고 알려져 있다. 그의 하나님을 향한 열정은 성경 전체에서 비교할 자가 없다. 그러나, 그는 또한 삶에 대한 사랑의 묘사를 비할 자가 없을 만큼 했다. 시편 137편 6절에서 다음과 같이 말한다. "내가 예루살렘을 기억하지 아니하거나 내가 가장 즐거워하는 것보다 더 즐거워하지 아니할진대 내 혀가 내 입천장에 붙을지로다." 오늘날의 종교적인 공동체 안에서는 이러한 발언이 용납되지 않을 것이다. 어떻게 구속받은 자들의 공동체가 그의 제일가는 기쁨일 수 있단 말인가? 하나님이 그의 제일가는 기쁨이어야 하지 않은가? 그 분명한 모순은 영적인 진리의 실제적인 표현을 찾는 유대인들의 문화에 완벽히 들어맞는다. 하나님에 대한 다윗의 사랑은 표현이 필요했고, 예루살렘은 그 완벽한 표적이었다.

우리가 하나님을 향한 진정한 열정을 가질 때, 그것은 다른 것들을 향해서도 열정을 품게 한다. 하나님보다 다른 것을 더 가치 있게 여길 가능성도 있지만, 다른 것들을 중요시하지 않고 하나님을 중요하게 생각하는 것은 불가능하다. 이것이 바로 거룩하다고 여겨지지 않는 다른 모든 것들을 무시해 버리는 종교적인 사고방식에 대항하는 요점이다. 다른 열정 없이 하나님을 사랑하는 목적을 달성하고자 하는 노력은 수도원의 삶을 만들어 냈다. 과거의 많은 수도원적인 신앙

생활을 하는 신자들에 감탄하기는 하지만, 그것은 예수님께서 우리에게 주신 모델은 아닌 것이다. 우리가 남은 생애를 청지기로서 사는 방식이 진정한 하나님에 대한 사랑의 리트머스지 같은 시험이 될 것이다.

나의 우선순위 vs. 하나님의 우선순위

대부분의 사람들처럼 나도 기도할 목록들이 있다. 그것들은 나의 삶과 내가 사랑하는 사람들의 기본적인 욕구와 필요에 대한 것이다. 그것들이 종이에 씌어 있지 않으면, 최소한 나의 마음속에 씌어 있다. 그 목록에는 분명히 영원의 중요성을 담고 있는 것들이 있다. 우리 도시들을 위한 기도, 우리가 사역하고 있는 어떤 이들의 구원, 어려운 상황들 속의 치유의 돌파, 하나님의 제공하심 등 개인적이고 교회적인 것들 모두. 급한 목록 뒤에는 '이렇게 되면 참 좋겠다'는 종류의 목록이 있다. 이 목록은 길고 다양한 정도의 중요성을 가지고 있다. 그러나 내가 발견한 것은 하나님께서 때로 그 목록을 지나치시고는, 내 마음속 깊이 어딘가에 있었던 '구하려 하지 않았던' 부분으로 직접 가신다. 이는 기분 좋기도 하고 때로는 기분 나쁘기도 한 움직임이다.

그런 경험 중 하나로, 한 친구가 내게 와서 말한 적이 있다. "이보게, 사냥개를 원하나?" 나는 항상 잘 훈련된 사냥개를 가지고 싶었지만, 이런 사치에 쓸 돈이나 시간이 없었다. 그것이 내 기도 목록에 있지도 않았다. 그는 계속해서 말했다. "한 애완견 트레이너가 나한테 좀 빚진 게 있거든. 그래서 어떤 종류의 개든지 내가 원하는 것을 주기로 했다네. 나는 개가 더 필요하지 않아. 그러니까 자네가 좋아하는 개의 종류를 말하면 내가 구해 주겠네." 이렇게 해서 내 목록에 올라 있지도 않은 개의 소유주가 된 것이다. 그 사항은 '이랬으면 좋겠다'는 목록에도 올라 있지 않고, 그렇게까지 중요하지 않았다. 그것은 내 마음속의 비밀스런 소원함이었다. 하나님께서는 영원의 중요성을 가진 다른 모든 것을 지나치시고, 일시적이고 겉으로 보기에 중요하지 않은 것에 손을 대셨다.

처음에 나는 화가 났고 고맙지도 않았다. 아니, 고마웠다. 그렇지만 그건 말도 안 되는 일이었다. 나는 그분이 내게 더 중요한 일을 해 주시기를 바랐다.

좀 시간이 걸리긴 했지만, 나는 깨달았다. 나의 요청들은 중요했지만, 그분에 대한 나의 관점이 더 중요했다. 그러고 나서야 나는 어떤 것이 내게 중요하면, 그분께도 중요하다는 것을 알게 되었다. 그분이 나의 '급한' 기도 목록과 '이랬으면 좋겠다'는 목록을 지나치시고 나의 '마음속의 비밀스런 소원함'의 목록으로 들어가셨다는 것은 내가 그동안 기도해 왔던 모든 다른 것들에 응답해 주시는 것보다 더 많이 나의 하나님 아버지에 대해 말해 주는 것이었다.

회복된 기도에 대한 관점

사람들은 자주 내게 와서 다른 이의 치유를 위해 기도해 달라고 한다. 때로 그들은 분명히 자기 자신의 육체적인 치유가 필요한 데도 불구하고 친구의 치유를 대신에 구한다. 내가 그들 자신의 상태에 대해 다그쳐 물으면, 그들은 주로 이렇게 말한다. "하나님께서 나보다 그들을 고치시기 원해요. 그들은 암을 앓고 있어요. 나는 겨우 허리에 디스크가 터졌을 뿐이에요." 그들의 자비심은 훌륭하다. 왜냐하면 다른 이의 필요를 자신의 필요보다 더 앞세웠기 때문이다. 그러나, 그들의 하나님에 대한 개념은 틀렸다. 틀려도 많이 틀렸다!

하나님은 한정된 능력을 가지신 분이 아니다. 다시 말해, 그들의 허리를 고치시고 나서도 하나님의 능력은 고갈되지 않고 그들 친구의 암을 치료하실 충분한 능력이 있는 것이다. 또한, 첫 번째의 소원을 말하고 나서 더 이상 소원함을 말할 기회가 없어지는 것이 아니다. 친구를 향한 소원함은 고귀하다. 그러나, 이것은 '이것 아니면 저것'의 상황이 아닌 것이다. 게다가, 하나님의 집중력은 뛰어나시다. 너무나 뛰어나셔서, 모든 지상의 인간에게 동시에 집중력을 보여 주실 수 있다. 하나님께서 우리의 기도를 우리와 같은 우선순위의 관점으로 보시는 것도 아니다. 어떤 이들은 이렇게 말할지 모르겠다. "물론 하나님은 암을 고쳐 주시지. 그건 중요하니까. 하지만 내 척추의 디스크가 터진 것은 그것만큼 중요하지는 않아. 나는 그냥 이런 상태로 사는 법을 터득했어." 우리는 암은 급하다고 생각하고(실제로 급한 문제이다) 다른 모든 것들은 기다려야 한다고 생각한다. 현실에서는 터진 디스크가 흔히 더 먼저 치유받는다. 그리고 그 경험을 통해 믿음이 더 커져서 암을 치유받는 데 필요한 믿음이 생기는 것이다. 우리의 논리는 하나님의 논리와 일치하지 않으며, 하나님은 바꾸시지 않을 것이다.

중요한 꿈

이 장에서는 세 가지 이야기와 호텔에서 일어났던 특이한 경험을 전하고자 한다. 실제로 일어난 사건 중 단순하지만 심오한 이야기들이다. 수백 가지의 이야기들 중에서 이 이야기들을 선택한 이유는 이것이 어떤 영원의 중요성도 가지지 않았기 때문이다. 그러나 세상에 영향력을 미치기 원하는 이들에게는 의미가 깊은 것이다. 하나님께서 정부와 세상의 다양한 체계들을 침노하셔서 변화를 일으키신다는 소식은 매일 늘어 가고 있다. 많은 이야기들이 다른 훌륭한 책들에 포함되어 있다. 그 이야기들도 우리에게 대단히 중요하지만, 내게는 하나님의 본성이 단순하고 일시적인 것들에 응답하심으로써 더욱 선명하게 보이는 것이다.

독성 있는 가구 다듬기

　　베리Barry와 줄리 샤퍼Julie Schaffer는 1987년에 개업한 가구 마무리를 전문으로 하는 회사를 소유하고 있다. 그들은 가정용과 상업용 가구의 마무리를 한다. 그들이 사용하는 재료는 독성이 있고 유해한 것이었다. 그들은 당연히 근심하게 되었고 그래서 무독성인 수성 제품을 찾아보기 시작했다. 그리고 만일 수성 제품을 찾지 못하면 그 사업을 중단하기로 결정을 내렸다. 그들은 계속 찾아보았지만 전에 사용하던 독성 있는 제품과 같은 품질의 수성 제품을 찾을 수 없었다.

　　그들은 무독성 제품을 직접 개발하기로 했다. 베리는 그 사업계에 있는 사람들과 연락을 했고, 화학 회사들에게서 제조법을 얻어 냈다. 베리는 그들이 알려 준 대로 계속 시도해 보았지만, 잘 되지 않았다.

　　셋째 아이인 에이미의 비극적인 죽음을 통해 예수님을 알게 되었다. 우리는 하나님의 훌륭한 은혜가, 우리를 파괴하도록 만들어진 바로 그것을 사용하셔서 그분께로 이끌어 오시는 것을 본다. 구원받은 이후에도 줄리는 몇 번의 유산을 경험했다. 그녀는 네 번째 아이를 임신한 후 출혈하기 시작했다. 그녀는 베리에게 이 아이를 낳을 수 있게 될 것이라는 것을 확신하기 전에는 일터로 돌아가지 않겠다고 말했다. 줄리는 집에서 기도하며 주님을 오랫동안 찾았다. 매일 베리는 줄리에게 점심을 만들어 주기 위해 집에 돌아오곤 했다. 그녀는 거의 두 달 동안 소파를 떠나지 않았다. 매일 함께 기도한 후 베리는 일하러 돌아갔다. 그러던 어느 날 기도하는 중 성령님께서 줄리한테 베리에게 말할 지침을 글자와 숫자의 배열로 주셨다. 그녀는 그런 일이 한번도 일어난 적이 없었기 때문에 난처하게 느껴졌고 말하기 망설였다. 줄리가 그 내용을 말했을 때, 베리는 이렇게 답했다. "난 그게 무슨 뜻인지 알 것 같아." 그는 매장으로 돌아가서 자신이 수년간 만들어보려고 시도해 왔던 무독성 제품을 만드는 제조법으로 사용했다. 드디어 무독성 제품이 만들어졌다! 그는 이 제조법을 사용해서 무독성인 수성 제품을 다음 몇년간 만들어 냈다. 그 제조법이 또한 많은 다른 제품들의 기반이 되었다.

그들은 하나님께 드라마틱하게 구원받은 것과 이 창조적인 아이디어를 주신 것을 감사했다. 그들은 또한 여러 가지가 계속해서 발전하면 하나님께서 더욱 영광을 받으실 것이라고 믿었고, 그래서 사업을 확장하려고 여러 번 시도했다. 두 사람 중 누구도 마케팅의 망을 확대할 시간이나 돈 또는 야망이 없었다. 그런데, 2001년에 한 남자가 미시간 주 북쪽에 큰 통나무 집을 짓는 데 그들의 제품을 사용했다. 그는 44세의 은퇴한 사업가였고, 컴퓨터 계통에서 돈을 많이 번 사람이었다. 그는 베리와 줄리 회사의 마무리 수성 제품을 그의 집안을 칠하는 데 사용해 보고 아주 감탄해서 그의 계약업자에게 이야기했다. 계약업자는 그 회사가 작은 마을의 회사이며 두 사람에 의해 운영되고 있다는 것을 듣자 사업가적인 생각이 작동했다. 그는 베리와 줄리에게 그 회사를 팔라고 연락을 해왔다. 베리와 줄리는 하나님께서 그 사업을 자신들에게 주신 것을 알기 때문에 그에 대해 기도하고 또 기도했다. 2년간 주님께 물어본 후 그들은 회사를 팔기로 했다. 그들은 일생동안 벌 수 있을 양이라고 상상한 것보다 더 높은 가격에 회사를 팔게 되었다. 그들은 선교와 전도로 주님을 섬기는 새 삶을 시작하기 위해 그 회사를 넘기기로 동의했다.

이 모든 것을 일어나게 하신 것은 하나님의 창의적인 능력이다. 베리는 화학박사 학위를 가지고 있지 않았다. 그는 창의적 과정에서 막힐 때마다 기도했고, 하나님께서는 항상 딱 맞는 사람이 전화하거나 딱 맞는 샘플이 나타나도록 하셨다. 줄리가 받은 '성령의 감동'은 실제로 궁극적인 제품을 위한 제조법이 담겨 있었다. 하나님 왕국에 담겨 있는 신비이지만, 찾기 전까지는 손에 닿지 않았다.

그들에게는 가장 큰 기적이 임했다. 다시는 아이를 가질 수 없다고 진단받은 그들에게 주님께서는 네 번째 아이인 아들을 주셨다.

더 나은 활

매트 맥펄슨은 하나님을 향한 굉장한 열정으로 알려져 있는 사람이다. 음악과 찬양 인도로 복음을 전하는 것이 그의 열망이다. 그러나, 한 주말을 사역하고 나서 사례비로 15달러를 건네받은 후 그는 가족을 부양하기에 큰 어려움이 있을 것을 알게 되었다. 그러나 주님께서는 곧 훌륭한 약속을 주셨다. "내가 너로 하여금 사업에 성공해서 사역하는 데 자족할 수 있게 해주겠다." 다음이 그 약속에 대한 하나님의 신실하심에 대한 짤막한 보고이다.

삶에 대한 매트의 접근은 신선했지만 평범하다는 것이 그를 신경 쓰이게 했다. 평균 정도 한다는 것이 그를 두렵게 만들었다. 유명해지 거나 권력 같은 것에는 아무 욕심 없었지만, 그는 자신의 삶이 수동적 이 되는 것을 거부했다. 그는 차이점을 만들어 내고 싶어했다. 하나님 에 대한 그의 사랑은 존경할 만한 우수성과 창의성에 대한 열정을 가 져왔다.

어느 날, 하나님께서 매트에게 그의 삶이 영원히 바뀔 어떤 것을 말씀하셨다. "나는 이 세상의 모든 문제에 대한 해답을 알고 있다. 만 일 내게 묻기만 한다면 나는 답을 줄 수 있다." 매트는 그 순간 하나님 에 대한 놀라움과 약속으로 감당키 어려워졌다. 그는 무릎을 꿇고 자 신이 두려워했던 것들에 대해 하나님께 외쳤다. 젊은 시절에 매트는 복합 활을 만들고 쏘는 취미를 계발했다. 그는 어린 시절에 아버지와 형들과 사냥하는 동안 활쏘기에 대한 열정을 갖게 되었다. 인생의 모 든 문제에 대한 해답을 갖고 계시다는 하나님께 그는 어떻게 하면 더 나은 활을 만들 수 있는지 물어보았다. 그는 하나님께서 모든 문제에 대한 해답을 가지고 계시다는 초대에 응하기를 원했다. 몇 주가 지난 어느 날 새벽 3시 정도에 깨어난 그는 눈앞에 펼쳐진 종이를 보게 되 었다. 그것은 마치 공책에서 찢은 것처럼 보였다. 그 종이에는 새로운 개념을 보여 주는 복합 활의 스케치가 있었다. 그의 아내 셰리가 그에 게 무엇을 하는지 물어보았을 때, 매트는 말했다. "내가 환상을 보는 것 같아." 그는 환상을 보고 있었다. 그의 기도에 대한 응답으로, 하나님께서는 결국 나중에 활 산업을 영원히 바꾸게 할 '매트 활 회사'를 일으킬 첫 단계 개념을 주셨던 것이다.

복합 활들은 본질적으로 떠안고 있는 문제가 있다. 그 활들이 제대로 작동하기 위해서는 두 개의 도르래가 적절하게 일치해서 움직여야 한다. 그 펼쳐진 종이에 하나님께서 보여 주신 것은 새로운 활 디자인의 개념이었다. 그것은 도르래가 하나인 활로서 두 개의 도드래가 일치해서 움직여야 하는 문제를 없앤 것이다. 이 아이디어 하나만으로 활 산업계는 뒤집어졌다.

오늘날 매트 회사는 세계에서 가장 큰 활 생산 회사이다. 그 회사는 단지 도매로 활을 판매하는 것이 아니다. 그 회사는 명공의 우수성과 뛰어난 디자인의 제품을 판매한다. 질과 양의 조화가 오늘날 사업계에는 찾기 어려운 것이다. 그러나 맥펄슨 가정이 모든 일을 통해 하나님께 영광 돌리기로 헌신한 것이 그들이 하는 모든 일에 하나님의 은총이 증가하도록 한 것이다.

모든 창의적인 아이디어가 펼쳐진 종이를 통해 와야 하는 것은 아니다. 매트의 이야기가 흥미진진하기는 하지만, 더 큰 그림은 하나님의 영광을 위해 온전히 자신을 드린 남편과 아내의 모습이다. 하나님께서는 그들을 신뢰하실 수 있었기 때문에 그들에게 엄청난 가치가 있는 아이디어를 맡기셨던 것이다. 매트는 20개가 넘는 특허를 가지고 있고, 앞으로 더 얻게 될 것이다. 그들은 사업을 통해 사역하는 소명을 받아들였다. 그는 1998년에 활사냥 명예의 전당Bowhunters Hall of Fame에 올랐다.

활 산업에서 그의 돌파가 있기 전, 매트는 다른 수리점과 공간을 같이 쓰는 자동차 수리점을 운영하고 있었다. 어느 날, 그는 다른 임대인들이 보험금을 더 많이 받으려 일부러 차들을 손상시키는 것을 보게 되었다. 매트가 이 상황에 대해 그들에게 말하자 한 임대인의 반응은, 아무도 이를 통해 상하는 사람이 없고, 그 바닥에서 살아남기 위해서는 타협할 각오가 되어 있어야 한다는 것이었다. 매트는 그에게 틀렸다고 말하고, 도덕성을 잃지 않고 성공을 이룰 수 있다는 것을 증명하기로 결심했다. 오늘날, 매트가 존경받을 만한 삶으로부터 오는 축복과 근심이 없는 부유함을 보여 주는 동안, 그 임대인은 아직도 근근이 생활을 이어가고 있다.

그 활을 디자인하고 생산하는 동일한 우수성과 창의성이 어쿠스틱 기타를 만드는 데도 사용되고 있다. 그들의 혁신성과 높은 품질의 결과로 그 회사 우두머리 공인은 나라에서 으뜸가는 몇 개의 기타를 만든다. 그 계통의 최고 예술가들은 맥펄슨의 기타로 연주한다. 이것은 하나님의 축복의 약속에 대한 맥펄슨의 또다른 간증이다. 매트가 하나님께 왜 자신이 한 특정한 임무를 위해 택함받았는지를 물었을 때, 그는 자신이 하나님의 첫 번째 선택이 아니었지만, 첫 번째로 순종한 사람이었다는 것을 알게 되었다. 그 임무는 어려웠지만 성공적이었다.

현재 매트와 셰리 맥펄슨은 하나님께서 몇 년 전 약속하셨던 그 삶을 살고 있다. 그들은 자유롭게 음악 사역과 여행, 그리고 세상에 두루 복음을 전하게 되었다. 그들은 또한 자신의 영향력 안에서 하나님의 아이디어를 가져오는 기쁨을 발견하게 되었다. 그 결과 그들의 사업은 사역이다. 셀 수 없이 많은 사람들이 그들의 사랑과 도덕성, 창의성, 그리고 우수성을 통한 사업의 예에 감동을 받았다.

노숙자 보호소에서로부터의 답변

가장 특이한 혁신의 표현 중 하나는 가장 일어날 것 같지 않은 곳에서 왔다. 서든 캘리포니아 주의 한 노숙자 보호소이다. 이곳은 청년 노숙자들을 위한 소망이라 불리는데, 하비스트 인터내셔널 미니스트리Harvest International Minstries 네트워크의 일원인 클레이튼 골리허가 목회하고 있다. 클레이튼과 그의 그룹은 하나님의 창조적인 본성에 접속했고, 그 특권을 제자훈련의 일부로 만들었다. 그 결과 그들은 국내의 주류 장난감 회사들과 생산자들의 주의를 끈 12개의 특허를 따냈다. 그 보호소는 사업의 열린 문들을 복음의 열린 문으로 보았다. 주류 장난감 회사들의 중역들은 그들의 발명에 감탄했고, 이로 인해 그들의 메시지에 대해 마음이 열리게 되었다. 하나님께서 자신의 아이디어들을 누구에게 주시는지로 인해 그들이 충격을 받았다는 것은 과소한 표현일 정도이다.

이미 생산에 들어간 장난감 중의 하나는 반중력 공기부상 비행 차량이다. 이것은 중국에서 생산되고 있고, TV 마케팅 네트워크를 통해 전국적으로 팔릴 전망이다. 이 특이한 장난감은 공산주의 국가에 사역의 문을 열어서 이미 그리스도에게 돌아오는 결과들을 낳고 있다. 이건 주목할 만한 일이다. 창의성이 큰 사업을 하는 사람들의 관심을 갖게 하고, 예수 그리스도에게 돌아오는 결과를 가져 오고 있다!

한 전문가가 그 공기부상 비행 차량의 아이디어가 실제로는 공기역학적으로 뜨기가 불가능할 것이라고 말했다. 그래서 그들은 기도했다. 하나님께서는 어떻게 그것을 만들어야 하는지, 어떤 재료를 써야 하며, 그리고 어떻게 날려야 하는지 환상으로 보여 주셨다. 그 장난감은 이틀 안에 떠서 날고 있었다.

이 특이한 장난감들 이외에도 50개가 넘는 '가정용' 발명품들이 있다. 기저귀로 인한 가려움증의 치료제뿐만 아니라 가정의 수돗물 소비를 줄여 주는 굉장하게 기구까지 놀라운 아이디어들을 갖고 있다.

그들은 자신의 성공을 다음 세 가지에 기인한다고 보고 있다.

1. 그들은 자신이 '열린 하늘' 아래 산다고 믿는다. 예수님께서 십자가에서 하신 일 때문에 그들은 하나님과 하나가 되었기 때문이다. 하나님의 창의성은 그리스도를 통해 그들에게 전수되었다.

2. 그들은 이 세상을 다스리는 통치권이 있다고 믿는다. 지상의 경제와 기술을 다스리는 통치권.

3. 그들은 하루에 세 시간가량 영으로 기도한다. 그들은 방언으로 기도할 때, 성령님의 창의적인 본성 안으로 연합된다고 믿는다.

그들의 놀라운 이야기는 단지 그리스도인 몇 명이 모여 창의적이 되는 법을 배우는 것 이상인 것이다. 이것만으로도 이야기할 거리가 된다. 그러나 이것은 이 나라의 '버림받은 자들'이 일상생활의 문제와 어려움에 해결책을 가져다 주는 이야기이다. 이는 하나님의 은혜와 한 사람의 정상적인 사역의 기대라는 고정관념을 벗어나 기능하는 비전의 훌륭한 반영이다. 아마 이것이 예언자들이 "발을 저는 자는 남은 백성이 되게 하며 멀리 쫓겨났던 자들이 강한 나라가 되게 하고"(미가 4:7) 라고 선포했을 때 주님께서 마음에 생각하신 것이었을 것이다.

여행자의 기도

모든 창의적인 생각들이 발명이나 문제 해결에 관한 것은 아니다. 이것은 때로 우리가 하나님의 사랑을 표현하는 방법으로 나타나기도 한다. 앞서 언급한 세 가지 이야기는 모두 하나님 왕국이 발명과 디자인에 미치는 영향에 대한 것이었다. 다음의 이야기는 의사소통에 관한 것이다.

최근에 방문한 텍사스 주의 댈러스에서 저녁 회의가 끝난 뒤 엠바시 스위츠 호텔의 내 방으로 돌아왔다. 내 베개 위에 비스듬히 놓여 있는 코팅된 카드는 내 방을 청소하고 나서 호텔의 청소담당이 놓고 간 것이었다. 나는 그것이 그 호텔의 특색을 알려 주는 또하나의 카드라 생각하고 옆으로 밀쳐 놓았다. 그런데, 그것이 기도 카드인 것을 발견하게 된 나는 호기심에 그것을 읽기 시작했다.

나는 이렇게 간단하면서도 심오해서 실제 한 사람이나 한 도시에 대단한 영향력을 미칠 가능성이 있는 것을 본 적이 없었다. 그것은 하나님 왕국에 기인한 사람들은 사회의 이익을 위해서 공헌해야 할 책임이 있다는 것을 대변하는 것이었다. 다시금 창의적인 하나님 나라의 영향력이 크든지 작든지 우리가 하는 모든 것을 통해 나타날 수 있고, 또 나타나야 한다는 것을 보게 된다.

다음은 '고대의 기도'라고 불린다. — "우리 성문 안의 낯선 자"

이 호텔은 사람들을 섬기기 위해 있는 기관이며,
단지 돈을 버는 조직이 아니기 때문에
우리는 당신이 우리 지붕 밑에 머무는 동안
하나님의 평화와 안식이 있기를 소망합니다.

이 방과 호텔이 여러분에게 '제2의 집'이 되기를 바랍니다.

당신이 사랑하는 사람들이 생각과 꿈들을 통해 가까이 있기를 바랍니다.

우리는 당신을 알게 되지 못할 수도 있지만,

우리는 당신이 집에 있는 것처럼

편하고 행복하기를 바랍니다.

우리 쪽으로 가져온 당신의 사업이 번창하기를 바랍니다.

당신이 거는 모든 전화가

그리고 당신이 받는 모든 메시지들이

당신의 기쁨에 더해지기를 바랍니다.

떠나실 때, 당신의 여행이 안전하기를 바랍니다.

우리는 모두 여행자입니다. '출생부터 사망까지'

우리는 영원에서 영원으로 여행합니다.

이 나날이 유쾌하기를 바라고,

사회에는 이익이 되며, 당신이 만나는 사람들에게 도움이 되고,

당신을 가장 잘 알고 사랑하는 이들에게 기쁨이 되기를 바랍니다.

나는 호텔… 그것도 주류 호텔 체인점의 베개 위에 하나님 왕국
수준의 원리가 쓰인 카드가 놓여 있다는 것이 놀라웠다. 이것은 대부
분의 최고 경영자들의 마음에 존재하는 정치적으로 옳은 갈등을 고

려할 때 특히 주목할 만한 것이다. 나는 이렇게 자비로운 은혜의 기도로 사람들의 삶에 영향을 줌으로써 이 위험부담을 한 사람에게 존경을 표한다. 이는 단지 강력한 기도로만 기능하는 것이 아니다. 이는 잠재적으로 사람들이 왜 이 지상에 사는지 목적의식을 갖게 해주는 한편, 하나님 왕국의 원리에 자신의 생각을 조율할 수 있는 기회를 주는 역할을 하는 것이다.

우리가 어떻게 무엇을 전달하느냐 하는 것은 영계를 바꾸며, 사람들이 그들의 소명으로 파송받을 수 있는 환경을 만들어 내는 가능성이 있는 것이다. 그러므로 우리의 의사소통 기술은 성령의 영향력 아래 있어야 한다. 우리의 말은 자비와 관심을 통해 하나님의 임재하심을 다른 사람들의 삶에 풀어지게 할 수 있는 것이다.

사회의 최전방으로 이러한 해결책들을 끊임없이 가지고 오기 위해서, 우리는 천국의 영역에 접근하는 것을 배워야 할 것이다. 우리의 해답이 천국에 있기 때문이다. 계시의 영은 이것을 가능케 한다. 이것이 다음 장의 초점이다.

7장

계시의 영

우리는 계시의 영과 더불어 번영하며,
그것이 없이는 망한다.

보이지 않는 것을 보는 사람들은 중요한 자리에 있고 싶어하는 소원함을 가진 다른 모든 사람들보다 유리한 선상에 있다.[1] 그들은 천국으로부터 지상으로 이어지는 삶을 살 수 있는 사람들이다.천국과 영원을 의식하며 산다면, 그것은 우리가 살아가는 방법을 달라지게 하고 우리가 사회에 미치는 영향력을 급진적으로 증가시킨다. 놀라운 것은 천국을 가장 분명히 보는 자들은 이 세상에 대한 열망이 거의 없다는 것이다. 그러나, 이들은 주위의 세상에 가장 영향을 많이 미치는 자들이기도 하다.

보이지 않는 것을 의식하고 있는 것이 그리스도인의 삶의 필수적인 부분이다. 우리는 "위의 것을 생각하고 땅의 것을 생각하지 말라 이는 너희가 죽었고 너희 생명이 그리스도와 함께 하나님 안에 감추어졌음이라"(골 3:2-3)고 배워 왔다. 예수님께서 제자들에게 약속하신 풍성한 삶은 보이지 않는 영역에서 찾을 수 있다. 기적들과 다양한 초자연적인 표현을 통해 보이는 그분의 통치권의 현시는 모두 천상에 뿌리를 두고 있다. 우리는 이 세상을 바꾸기 위해 하나님의 세계에 접근해야만 한다.

불가능한 임무

세상 역사의 흐름을 바꾸어 놓는 것이 우리의 임무이다. 그러나 우리는 현재 알고 있는 것으로는 갈 수 있는 만큼 갔다.[2] 우리가 가고 싶은 곳으로 가기 위해서는 표적이 필요하다. 표적은 더 큰 현실을 가리키는 현실이다. 출구 표시는 현실이지만, 그것은 그보다 더 큰 것을 가리킨다. 나가는 것이다.[3] 우리가 익숙한 길을 갈 때에는 표시가 필요하지 않다. 그러나, 우리가 한 번도 가보지 않은 길을 가게 된다면, 그곳에 도달하기 위해 표적이 필요하다. 표적이 기사들을 회복시킬 것이다.

앞으로 더 나아가기 위해서는 하나님으로부터 새롭게 들어야 한다. 매일 우리 앞에 펼쳐지는, 그러나 현재는 우리의 눈으로부터 숨겨진 것들을 보아야 한다. 이전에는 보고 들어야 할 필요성이 이렇게 큰 적이 없었다. 하나님의 전환하시는 시절에 발맞추어 가는 비결은 계시의 영인 것이다.

사도 바울은 에베소 교회를 위해 기도하면서 이 필요를 깨닫게 되었다. 그는 하나님 아버지께서 그들에게 지혜와 계시의 영을 주시기를 간구했다(엡 1:17 참조). 대부분의 사람들이 에베소 교회를 성경 안에서 가장 중요한 교회라고 간주할 것이다. 그들은 역사 가운데 가장 큰 부흥을 경험하고 있었으며, 이는 니느웨 다음가는 부흥인 것이다(욘 3 참조). 그곳에서는 그 도시의 회개하는 시민들이 사탄교의 물건들을 파괴하는 결과를 낳았던 오컬트와의 공개적 대결이 있었다(행 19:19). 신약의 가장 괄목할 만한 기적들도 바로 이곳에서 일어났다.

에베소 교회는 또한 사도 바울에게서 꾸짖음을 듣지 아니한 유일한 교회이다. 그 서신에서 바울은 성경에서 가장 대단하다고 주장할 만한 영적전쟁에 대한 계시, 남편과 아내의 관계와 그리스도의 신부와 예수님의 관계, 오중 사역, 교회의 본질과 기능 등의 계시를 밝혔다.

사도 바울은 이 승리의 몸된 교회를 위해 기도했다. "우리 주 예수 그리스도의 하나님, 영광의 아버지께서 지혜와 계시의 영을 너희에게 주사 하나님을 알게 하시고"(엡 1:17). 모든 것을 다 가진 이에게 우리는 무엇을 줄 수 있는가? 그들의 눈이 떠져서 보이지 않는 것을 보게 하고(계시), 그리고 그들이 그것을 본 순간 어떻게 행할지를 아는 통찰력인 것이다(지혜).

우리가 이 역사의 사실로부터 얻어 낼 수 있는 기본적인 교훈은,

훌륭한 가르침과 도시 전체에 영향력을 미치고 있는 부흥을 경험하고 있는 교회조차도, 더 많은 계시가 필요하다는 것이다. 그것은 자동적으로 오는 것이 아니다. "이곳에 하나님의 영을 맞이했고, 그분은 무엇이든지 원하는 대로 하실 수 있다"고 말하는 것은 충분하지 않다. 우리가 필요로 하고 소망하는 많은 것들은 구체적으로 기도해야 하고 사생결단하고 추구해야 한다. 지혜와 계시의 영이 바로 그런 것이다. 우리가 지혜와 계시의 영을 열정적으로 추구할 때에만 그것들이 그리스도인의 삶에서 마땅히 차지해야 하는 자리에 있게 된다는 것이다. 이 두 가지 요소들이 우리를 종교의 위험으로부터 지켜 주는 보호막이 될 것이다. 가장 으뜸가는 사도가 가장 으뜸가는 교회를 위해 그렇게 기도했다.

왜 계시의 영이 필요한가?

내가 아는 것이 나를 도울 것이다. 내가 안다고 생각하는 것이 나를 상하게 할 것이다. 계시의 영이 바로 그 차이점을 알도록 돕는 것이다. 선지자들은 진정한 계시를 통해 지식을 넓히지 않는 사람들이 어떻게 되는지에 대해 경고했다. 모든 지식은 쓸모 있지만, 그냥 전반적인 지식일 수 있다. 그러나 하나님께서 계시의 영을 풀어놓으실때는 중대한 시기에 우리가 구체적인 문제들을 언급하는 것을 가능케 하는 지식을 풀어 주시는 것이다. 그것이 자주 삶과 죽음을 가르는 차이점을 만들곤 한다. 우리가 계시의 지식과 더불어 번영하는 반면, 그것이 없이는 망한다고 할 수 있다.

내 백성이 지식이 없으므로 망하는도다 네가 지식을 버렸으니 나도 너를 버려 내 제사장이 되지 못하게 할 것이요 네가 네 하나님의 율법을 잊었으니 나도 네 자녀들을 잊어버리리라(호 4:6 NASB).

그리고,

그러므로 내 백성이 무지함으로 말미암아 사로잡힐 것이요 그들의 귀한 자는 굶주릴 것이요 무리는 목마를 것이라(사 5:13 NASB).

구약의 선지자 호세아와 이사야는 그 도전을 이해했고, 우리가 가진 문제들을 언급했다. 이 두 구절에는 두 가지의 재앙이 언급되어 있다. 망한다는 것은 '멈추다, 완전히 잘려 나가다'는 뜻이다. 계시가 없으면 우리는 지상에서 하나님의 목적으로부터 완전히 잘려 나간다는 것이다. 주님의 일로 분주하지만, 그분의 목적으로부터는 여전히 떨어져 있을 수 있다. 사로잡힌다는 것은 또한 이 뜻과 유사한데, 이는 이 단어가 '없애다'라는 말로 번역될 수 있기 때문이다. 이 구절들을 통해 나타난 그림은 '고향, 국가, 또는 어떤 영역으로부터 벌로써 공식적으로 추방을 당한' 괴로움을 당하는 사람의 모습이다. 계시의 영이 우리 삶 가운데 역사하지 않으면 우리가 그 책임의 무게를 지고 나가기에 부적격하기에 그분의 목적으로부터 떨어져 귀양살이를 가는 것이다. 보는 눈을 가지고도 사용하지 않는 것은 막대한 결과를 초래하는 것이다(눅 12:56 참조).

이 문맥에서의 지식은 경험적 지식이다. 여기에서 지식이라는 단어는 단순히 개념이나 이론 이상의 것이다. 이 단어는 창세기에서 친밀감의 경험을 묘사하기 위해 사용되었다.

"아담은 이브를 알았다. 그래서 그녀는 잉태하고 가인을 낳았다"(창 4:1 흠정역).

"우리에게는 성경이 있기 때문에 하나님의 모든 계시가 다 주어졌다. 우리는 더 이상 계시가 필요 없다"라고 하는 것은 어리석은 생각이다. 첫째로, 성경이 완전하기는 하지만(어떤 것도 더 이상 첨가될 필요가 없다), 그것은 성령의 도움 없이는 닫힌 책인 것이다. 이미 씌어 있는 것을 우리가 이해하기 위해 계시가 필요하다. 둘째로, 하나님께서 말씀을 통해 우리가 무엇을 이해하기 원하시는지 거의 모른다는 것이다. 예수님께서는 할 수 있는 한 많은 것을 말씀하셨다. 그러나, 예수님은 제자들에게 자신의 마음속에 있는 모든 것을 말씀하실 수는 없었다(요 16:12). 이것이 바로 하나님의 영이 말씀의 한 장 한 장마다 숨을 불어 넣으심으로써 오는 지식인 것이다. 이것은 신적인 만남으로 연결된다. 경험된 진리는 결코 잊혀질 수 없다.

이런 노선의 생각을 시험하는 또다른 구절은 다음과 같다.

"묵시가 없으면 백성이 망하거니와"(잠 29:18 흠정역).

개정흠정역에서는 "계시가 없으면 백성이 방자히 행하거니와"라고 한다. 이 설명은 굉장한 것이다. 많은 이들이 이 구절이 목표와 꿈에 관한 것이라고 생각해 왔지만 그렇지 않다! 이것은 계시의 영이 사람의 삶에 주는 영향, 하나님께서 우리를 통해 이루시려는 꿈에 저항하는 모든 것으로부터 그들이 스스로를 즐겁게 속박하도록 도와주는 영향에 대해 말하고 있는 것이다. 언젠가 누가 말했듯이 계시는 고통에 목적을 주는 것이다.

임무

모든 진리가 다 똑같은 것은 아니다. 진리는 다면적이다. 어떤 것은 사실이고, 또 다른 것들은 더욱 더 사실이다. 만일 구약시대 때에 문둥병자를 만지면, 당신은 더럽혀진다. 구약의 주된 계시는 죄의 힘에 대한 것이다. 신약에서 당신의 문둥병자를 만지면 문둥병자는 깨끗해진다. 신약의 주된 계시는 하나님의 사랑의 힘이다. 양쪽 모두 진리이지만(죄는 큰 힘이 있으며, 사랑은 큰 힘이 있다) 한쪽이 분명히 우세하다.

성령님은 우리를 모든 진리로 이끌도록 보내졌다. 그러나 그분이 담당하시는 일 중 분명한 한 가지는 하나님 아버지께서 특정한 시기에 강조하기를 원하시는 진리로 우리를 인도하신다는 것이다. 베드로는 다음과 같이 썼을 때 이를 이해했다.

그러므로 너희가 이것을 알고 이미 있는 진리에 서 있으나 내가 항상 너희에게 생각나게 하려 하노라(베후 1:12).

이미 있는 진리는 가장 앞에 있는 하나님의 생각에 있는 진리를 의미한다. 천국의 바람이 어느 방향으로 부는지를 알아차리는 법을 배우는 사람은 지혜로운 자이다. 우리의 삶과 사역은 하나님께서 이미 축복하시는 것에 연관되어질 때 한결 쉬워진다.

녹등가

믿는 자들 대부분은 무언가 해야 할 시간이 오면 하나님께서 인도해 주실 거라고 믿는다. 그래서 그들은 때로 이것이 그들 주위의 세상에는 중요한 영향을 미치지 못한 채 평생 동안 기다리게 되는 경우도 있다. 그들의 철학은 이것이다. 하나님께서 녹색불을 보여 주실 때까지 나는 빨간 불이다. 녹색불은 결코 켜지지 않는다.

사도 바울은 복음의 녹등가에 살았다. 그는 천국으로부터 표적이 와서 말씀을 순종하도록 설득할 필요가 없었다. 예수님께서 "가라!"고 말씀하셨을 때 그것으로 충분했다. 그러나 그는 하나님 아버지의 마음속에 있는 선교에 대한 생각이 무엇인지를 성령님께서 보여 주시기를 원했다.

사도바울은 아시아에 대한 부담감을 가지고 있었고, 그래서 가서 복음을 전하려고 시도했다. 성령님께서 그를 멈추셨고, 이것은 또한 그분이 인도하시지 않았다는 뜻이다. 그는 다시 비두니아로 가려고 했지만, 다시 성령께서 안 된다고 하셨다. 그리고 나서 그는 꿈속에서 마케도니아로 오라고 간청하는 사람을 보았다. 그는 깨어나서 이것이 자신이 찾던 방향이라고 결론짓고 복음을 전파하기 위해 마케도니아로 떠났다. 이는 하나님의 인도하심을 보여 주는 훌륭한 이야기이다(행 16:6-10 참조). 그러나 중요한 점을 놓치기 쉽다. 바울은 세상 끝까지 가서 전하라는 명령을 지키는 삶을 살았기 때문에 말씀에 있는 것을 순종하려고 노력했다!(마 28:19참조) 그 옛날의 격언이 이때 적용되는 것이다. 차가 멈추어 있을 때보다 움직일 때 방향을 바꾸기가 쉽다. 삶의 스타일에 대한 바울의 헌신은 하나님께서 특정한 시절에 그를 인도하시는 방향을 들을 수 있는 위치에 있게 했다. 바울이 때가 아닐 때 특정한 장소로 가려고 하는 것을 막은 분은 성령님이셨다.

계시의 목적

계시는 우리를 더 똑똑하게 만들기 위해 부어지는 것이 아니다. 통찰력은 만남의 훌륭한 선물이지만, 우리의 지성은 하나님에게 있어서 주된 관심거리가 아니다. 계시 안에서 하나님의 초점은 우리가 개인적으로 변화되는 것이다. 계시는 하나님과의 만남으로 이어지게 하고, 그 만남이 우리를 영원히 바꾸어 버리는 것이다. 그 만남은 깜짝 놀랄 만한 경험이기도 하고, 또는 단순히 하나님의 임재 안에 잠기는 시간일 수도 있다. 그러나 그것이 바로 "나라이 임하옵시며…"의 여정 가운데 있는 표적들인 것이다. 그 만남 없이는 계시는 우리를 자만하게 만들 뿐이다. 이것이 바로 바울이 고린도 교회에 대해 경고한 것이다. "지식은 교만하게 하며…"(고전 8:1). 우리가 가진 지성의 실제적 영향은 자신이 경험하는 변화의 정도에 따른 것이다. 계시는 우리의 믿음의 경기장을 넓히는 것이다. 믿음 없는 통찰력이 풀어진다는 것은 경험을 통해 깨달은 진리가 증명되지 않은 채 남아 있는 진리로 만든다—그저 이론으로 말이다. 이것이 종교의 발생지인 것이다. 하나님께서 우리에게 사람들이 낫기를 원한다고 말씀하실 때, 그것은 우리에게 치유에 대한 신학적 이론을 주시기 위한 것이 아니다. 그것은 하나님께서 우리에게 주신 통찰력의 영역으로 우리가 믿음을 발산해 계시의 열매를 경험하도록 하기 위한 것이다. 이 경우에는 사람들을 고치는 것이다!

계시는 "수건을 벗기다" 또는 "가린 것을 없애다"는 뜻이다. 계시는 우리에게 더 큰 기름부음의 영역으로 나아가게 해서 그 진리가 개인적인 경험과 삶의 스타일이 되게 한다. 그 진리가 더 클수록, 그 진리를 세상에게 보여 주기 위해 더 큰 기름부음이 필요하다. 기름부으심은 반드시 추구되어야 하는 것이고, 있다고 가정해서는 안 되는 것이다(고전 14:1 참조). 기름부으심의 정도는 우리가 실제 삶으로 살고 있는 계시의 정도를 밝혀 주는 것이다.

받아들이는 심령

예수님께서 가르치셨던 내용 중 사람들이 대부분 불쾌하게 여겼던 개념은 어른들보다 어린이들이 천국에 들어갈 준비가 잘 되어 있다는 것이었다. 우리 중 많은 이들이 그 개념의 대부분을 받아들였지만 아직도 어떤 적용을 하는 데 있어 힘들어 한다. 다음이 그 좋은 예가 될 것이다.

그 때에 예수께서 대답하여 이르시되 천지의 주재이신 아버지여 이것을 지혜롭고 슬기 있는 자들에게는 숨기시고 어린 아이들에게는 나타내심을 감사하나이다(마 11:25)

아이들이 어른들보다 더 계시에 열려 있다는 것이 사실일까? 우리는 무게 있는 계시는 성숙한 사람들을 위해 준비되어 있다고 생각한다. 부분적으로 이것은 사실이다. 그러나 진정으로 성숙한 사람은 하나님께서 보시기에 어린 아이들과 같은 자들이다.

많은 사람들이 성경 말씀을 통해 더 많은 계시를 얻을 수 있게 기도해 달라고 내게 부탁한다. 기도로 다른 사람을 축복해 주는 것은 영광이지만, 계시가 어떻게 오는 것인지, 또는 어떤 사람에게 오는 것인지를 이해하는 사람은 드물다. 삶에 있어 가장 큰 기쁨은 하나님의 음성을 듣는 것이다. 그것은 부작용이 없다. 그러나 그것을 전수하는 데는 그 대가가 따른다.

하나님의 계시 안에서 더욱 자라나기를 원하는 사람들에게 다음과 같은 실제적인 제안을 한다.

어린 아이와 같아지라

단순하고 겸손한 마음은 하나님으로부터 들을 자격을 얻는 데 도움을 주고, 심오해지려는 열망은 헛된 것이다. 수년간 가르친 후에 많은 이들이 깨닫는 것은 단순한 말이 대부분 가장 심오한 말이라는 것이다.

"그 때에 예수께서 대답하여 이르시되 천지의 주재이신 아버지여 이것을 지혜롭고 슬기 있는 자들에게는 숨기시고 어린 아이들에게는 나타내심을 감사하나이다"(마 11:25).

아는 것을 순종하라

예수님께서는 따르는 자들에게 "사람이 하나님의 뜻을 행하려 하면 이 교훈이 하나님께로부터 왔는지 내가 스스로 말함인지 알리라"(요 7:17)고 하셨다. "만일…하려 하면…알리라." 분명한 것은 하나님의 뜻을 행하려 하는 의지가 있는 자에게 오는 것이다. 순종하려는 의지는 계시를 끌어오는데, 이는 하나님께서 그분의 보물을 비옥한 땅 — 내어드린 마음 — 에 투자하시는 궁극적인 청지기이시기 때문이다.

성경의 진수인 '묵상'을 배우라

"밤에 부른 노래를 내가 기억하여 내 심령으로, 내가 내 마음으로 간구하기를"(시 77:6). 성경적 묵상은 부지런한 연구이다. 이단 종교들은 묵상의 수단으로서 마음을 비우라고 가르치지만, 성경은 하나님의 말씀으로 채우라고 한다. 묵상은 마음을 조용하게 하고 "방향성이 있는" 마음을 준다. 어린 아이와 같이 호기심 많은 것에서 솟아 나오는 추구함으로 말씀을 마음에 숙고하는 것이 묵상이다.

믿음으로 살라

지금 내게 주어진 임무 안에서 믿음으로 사는 것은 더 큰 것을 위해 준비하게 한다. "그 중에 이 세상의 신이 믿지 아니하는 자들의 마음을 혼미하게 하여 그리스도의 영광의 복음의 광채가

비치지 못하게 함이니 그리스도는 하나님의 형상이니라"(고후 4:4). 복음의 광채가 믿는 자에게 오는 것을 알아차려야 한다. 계시는 믿음을 표현하는 자에게 오는 것이다! 하나님께서 그분의 신비를 이미 당신에게 주시기를 원하셨다는 것을 이해함으로 살고(마 13:11), 그에 따라 구하라. 그런 다음 그분께 미리 감사하라.

이해하는 심령을 얻으라

이런 종류의 마음은 무엇인가 그 위에 건축될 수 있는 기반을 가지고 있다. 이것들이 왕되신 하나님과 그분의 왕국의 기본적인 개념들이다. 적절한 기반인 건축자(계시자)를 오시도록 끌고, 그 기반 위에 더하시도록 하는 것이다. "명철한 자는 지식 얻기가 쉬우니라"(잠 14:6 NASB). 하나님께서는 신선한 통찰력을 이 기본적인 개념들을 가진 자들에게 지혜롭게 맡기신다. 신선한 통찰력이 올 때, 이해하는 심령은 '집어넣을 구멍'이 있다. 그것은 땅에 쏟아지는 씨처럼 손실되지 않는다.

하나님께 당신의 밤을 드리라

나는 마음을 성령께 향하고 감동됨으로써 하루하루를 마무리하려고 노력한다. 잠자리에 드는 얼마나 놀라운 방법인가. 솔로몬의 아가서는 이를 시적으로 계시한다. "내가 잘지라도 마음은 깨었는데"(아 5:2). 하나님께서는 밤에 우리를 방문하시기를 즐거워하시고, 우리가 낮에는 받기 힘든 가르침을 주시기를 원하신다(욥 33:15-16 참조). 하나님께 우리의 밤의 시절을 드리기를 열망함은 계시를 얻을 수 없다는 것을 아는 자녀의 마음으로부터 자연스럽게 흘러나온다. 밤에 특히 당신의 마음에 환상과 계시가 임하도록 하나님께 구하라. 당신이 꿈이나 환상을 받게 되면 그것을 받아 적고, 이해할 수 있게 해달라고 하나님께 구하라.

이미 받은 것들을 나누어 주라

당신이 사역하는 동안 굶주린 자들이 당신에게서 어떤 것을 '끌어낼 수 있는지' 결코 과소평가하지 말라. 계속적으로 주는 자리에 서는 것은 더 받을 수 있는 확실한 방법이다. 우리가 이해하지 못하는 사역의 상황 가운데 있을 때에, 하나님께서 밤중에 우리에게 주셨던 것을 발견하게 된다. 그분은 우리의 심령 깊은 곳으로부터 의식적인 생각의 과정에 아직 있지 않은 바를 끄집어 내신다(잠 20:5 참조).

하나님의 친구가 되라

하나님은 자신의 친구들과 비밀을 나누신다. "이제부터는 너희를 종이라 하지 아니하리니 종은 주인이 하는 것을 알지 못함이라 너희를 친구라 하였노니 내가 내 아버지께 들은 것을 다 너희에게 알게 하였음이라"(요 15:15). 하나님은 자신의 친구들에게 모든 것을 알게 하신다. 하나님은 모든 것을 나누고 싶어하실 뿐 아니라, 우리가 어떤 것이든지 간구하기를 원하신다. 그러나, 당신이 다른 이들과 나눌 수 있는 것 이상으로 듣는 것에 익숙해지라. 하나님이 말씀하신 것을 듣고, 자유롭게 말하기를 허락하신 부분만 나누라. 어떤 것들은 간혹 우리가 친구이기 때문에 계시된 것이고, 다른 이들과 나누도록 계시된 것은 아니다.

가족의 이야기 물려주기

어렸을 때 재미있던 일은 나의 가족의 이야기를 듣는 것이었다. 그것이 할아버지께서 미네소타에서 강꼬치고기를 잡던 이야기든 아빠가 고등학교 때 미식축구를 하시던 시절의 이야기든, 모두 내가 즐겨 듣는 이야기들이었다. 그리고 그 이야기들을 지난번에도 들었었는지는 문제가 되지 않았다. 나는 혹시 더 자세한 내용을 들을까 해서 듣고 또 듣기를 원했다. 그 이야기들은 반복할 만한 가치가 있었고, 내가 물려받은 유업의 일부였다.

이런 관점에서, 예수님께서는 몇 가지 경고 말씀을 하셨다.

"진실로 진실로 네게 이르노니 우리는 아는 것을 말하고 본 것을 증언하노라 그러나 너희가 우리의 증언을 받지 아니하는도다 내가 땅의 일을 말하여도 너희가 믿지 아니하거든 하물며 하늘의 일을 말하면 어떻게 믿겠느냐"(요 3:11-12 NASB).

'우리'란 성부, 성자, 성령을 가리킨다. 이는 예수님과 그 제자들을 가리키거나, 또는 예수님과 그 천사들을 가리키는 말이 아니다. 예수 님은 하나님 아버지가 말씀하시는 것을 들었고 그것을 말했다. 하나님 의 영이 그분에게 임하셨고, 이것이 하나님의 음성을 듣는 것에 성공 하게 하고 그분을 분명히 보는 것을 가능케 했다. 하나님은 간증이 있 으시고, 그분의 이야기를 들을 자는 누구든지 그 이야기들을 전승해 주시려고 하는 것이다. 하나님은 그분의 외침을 이 장에서 반복하신 다. "그가 친히 보고 들은 것을 증언하되 그의 증언을 받는 자 가 없도다"(요 3:32 NASB). "이 땅에서 푸는 것은 하늘에서도 풀 려지는"(마 16:19) 책임이 우리에게 있기 때문에 우리는 그분의 간증 을 들을 마음과 함께 천국의 계시를 받아야 한다. 그것이 "그리스도 안에서 천국의 자리에 앉게 되는" 은택이다. 하나님은 간증을 주 시기를 열망하시지만, 그것을 들을 준비가 된 자를 찾지 못하시는 것 이다. 그분이 땅의 것을 말씀하셨는데도(자연적인 출생과 바람의 속성. 요 3:1-8 참조) 사람들은 힘들어 했다. 동일한 개념을 땅에서 발견할 수 없는 하늘의 것을 말씀하시고 싶은 것이 그분의 열망이다.

무거운 말씀

예수님은 마음속에 있는 모든 것을 제자들에게 가르치실 수 없었다. 예수님은 더 주고 싶어 안타까워하셨지만, 더 주시지 않은 이유는 그 말씀의 무게를 제자들이 감당할 수 없었기 때문이었다.

> 내가 아직도 너희에게 이를 것이 많으나 지금은 너희가 감당하지 못하리라(요 16:12 NASB).

제자들이 무게를 질 수 있는 능력은 예수님이 하고 싶으셨던 말을 감당할 만큼 되지 못했다. 하나님께서 말씀하실 때에는 창조하신다. 예수님께서 선포하고 싶어하셨던 말씀으로부터 창조되는 현실은 제자들에게는 지나치게 중요한 것이었다. 그리고, 제자들의 삶에 풀어진 영광의 영역은 그들이 그때까지는 소유하지 못한 힘과 안정성을 요구하는 것이었다.

하나님께서 그분의 영광을 다른 이들에게 허락하지 않으신다는 것은 사실이지만, 우리는 다른 이들이 아니다. 우리는 그분의 거룩한 몸의 일원이다. 더 질 수 있는 능력은 성품과 믿음 양쪽 모두와 연관 있다. 성품은 그 영광을 우리 스스로에게 돌리지 않고 영광스러운 소명의 약속을 받을 수 있게 해준다. 그리고, 더 큰 믿음은 선포에 대해 그 성취에 필요한 더 큰 용기로써 반응한다.

성령님은 제자들을 완전히 다른 차원의 계시를 위해 준비시키기 위해 주어졌다. 성령님은 예수님께서 데리고 가실 수 없었던 영역으로 제자들을 데리고 갔다. 아마도 이것이 바로 예수님께서 다음과 같이 말씀하신 이유의 한 부분일 것이다. "내가 가는 것이 너희에게 유익하니라…" 내재하시는 성령님은 우리가 열두 제자들이 질 수 있었던 것보다 예수님의 계시를 더 많이 질 수 있게 한다.

> 그러나 진리의 성령이 오시면 그가 너희를 모든 진리 가운데로 인도하시리니 그가 스스로 말하지 않고 오직 들은 것을 말하며 장래 일을 너희에게 알리시리라 그가 내 영광을 나타내리니 내 것을 가지고 너희에게 알리시겠음이라 무릇 아버지께 있는 것은 다 내 것이라 그러므로 내가 말하기를 그가 내 것을 가지고 너희에게 알리시리라 하였노라(요 16:13-15 NASB).

성령님께서는 우리를 모든 진리로 인도하는 임무를 맡으셨다. 여기서 모든이라는 단어는 깜짝 놀랄 만한 것이다. 더욱 놀랍게 만드는 것은 진리는 경험할 수 있도록 되어 있다는 깨달음이며, 성령님은 우리가 모든 진리를 경험하도록 이끌어 주시는 것이다. 성령님은 모든 지시를 하나님 아버지로부터 받으신다. 하나님 아버지께서 무엇을 하시고 말씀하시는지를 알게 해주신 분이 예수님에게 임하신 성령님이다. 그 성령의 동일한 은사가 동일한 목적으로 우리에게 주어졌다.

성령님의 임무 중 하나는 우리에게 무엇이 다가오는지를 알려주시는 것이다. 당신이 만일 주석이나 다양한 참고자료들을 읽는다면, 대부분의 학자들이 무엇이 다가오는지를 알 것이라는 약속은 우리가 닥쳐오는 재난에 대해 아는 것이라고 생각하는 것을 발견했을 것이다. 신학자들은 영광스러운 교회에 대해 거의 믿는 사람이 없기 때문에 문제들에 집중하기 쉽다. 세계적인 리더들로부터 음악가들, 배우들과 사업계의 리더들이 다가올 재난에 대해 우리에게 말하고 있다. 하나님 없이 사람들이 할 수 있을 때 우리는 그런 목적으로 성령님이 필요하지는 않다. 우리는 다가올 영광을 보기 위해 성령님이 필요하다! 어려움에 대한 경고는 우리가 우선 순위를 바로하기 위해 필요하다. 하나님 왕국의 신비를 우리에게 주시는 것이 하나님 아버지의 기쁨인 것이다. 죽음과 불의한 자들의 멸망을 이야기하는 것은 전혀 기쁨이 없다(겔 33:11). 복된 소식이라는 것은 그렇게 불리는 까닭이 있다. 그분은 이어서 말씀하신다. "그가 내 영광을 나타내리니 내 것을 가지고 너희에게 알리시겠음이라." 가장 감동적인 것은 이 구절에서 일어난다. 예수님께서 인간이 되시고 우리를 대신해 죽으셨을 때 포기하셨던 것을 유업으로 받으시는 것이다.

성령님께서 예수님이 소유하신 것을 단순히 밝히는 것뿐 아니라 그것들을 우리에게 실제로 "알리신다"는 것은 사실이다. 알리신다는 것은 선포한다는 뜻이다! 이 말에서 자원의 놀라운 전달이 일어난다. 이것을 보라. 모든 것이 하나님 아버지께 속해 있다. 아버지께서 아들에게 모든 것을 주신다. 선포를 통해 하늘의 자원을 우리에게 전달하시는 성령님에 의해 아들이 우리에게 모든 것을 주신다. 놀랍지 않은가! 이것이 하나님으로부터 듣는 것이 필수적인 이유이다. 그분은 말씀하실 때마다 우리에게 예수님의 유업을 전달하신다. 모든 선포된 약속은 우리의 지상최대 명령의 목적을 달성하도록 도와줄 천국 자원들을 옮겨 주는 것이다.

우리의 유업을 발견하는 것

성령님의 주된 기능 중 하나는 하나님의 마음 깊은 속에 있는 것을 우리를 위해 발견하시는 것이다. 성령님은 우리가 유업에 대해 인식하도록 돕기 위해 경험을 통해 우리를 이해로 이끄신다.

오직 하나님이 성령으로 이것을 우리에게 보이셨으니 성령은 모든 것 곧 하나님의 깊은 것까지도 통달하시느니라. …우리가 세상의 영을 받지 아니하고 오직 하나님으로부터 온 영을 받았으니 이는 우리로 하여금 하나님께서 우리에게 은혜로 주신 것들을 알게 하려 하심이라 우리가 이것을 말하거니와 사람의 지혜가 가르친 말로 아니하고 오직 성령께서 가르치신 것으로 하니 영적인 일은 영적인 것으로 분별하느니라(고전 2:10, 12-13 NASB).

이 유업이 우리에게 거저 주어진 것이다. 우리를 약속의 땅으로 데리고 가서서 우리를 향한 하나님의 아낌없는 사랑의 높이, 깊이, 길이, 그리고 넓이를 알아 삶을 통해 우리의 길을 올바르게 잘 찾아가게 해 주시는 분이 성령님이다. 성령님은 우리의 것을 드러내 주신다.

그분은 또한 성경 말씀을 살아나게 하시는 분이다. 그것은 살아 있는 말씀이다. 그분의 임재, 방법, 그리고 언어 깨닫기를 배우는 것은 우리가 불가능한 임무를 성공적으로 할 수 있도록 도와줄 것이다. 그것이 다음 장의 초점이다.

8장

살아 있는 말씀을 송축함

우리가 초대 교회가 가지고 있지 않았던 책을
그들이 소유했던 성령보다 더 가치 있게 여길 때
우리는 그들과 같은 열매를 맺기 힘들다.

하나님께서 말씀하셨고, 세상은 창조되었다. 하나님의 말씀은 창조한다. 하나님의 음성을 듣는 능력은 신적인 목적 안으로 들어가기 위해, 또한 진정한 창조적 표현으로 들어가기 위해 필수적인 것이다. 우리가 숨쉬는 것처럼 필요하다. 온전히 드려진 심령은 말씀을 공부하고 하나님의 감동(지문)을 쉽게 받아들이므로 감수성이 예민하다. 주님은 그런 종류의 부드러운 땅에는 전 세계적인 변화로 성장할 하나님 왕국의 관점을 심으신다.

통찰력과 능력을 부여하는 본질인 말씀은 모든 사회와 문화에 적용되는 해결책을 제공한다. 모든 인류의 문제에 대한 답을 가지고 있는 성경은 그 영역과 시간, 온전함에 있어 제한이 없다. 말씀 공부는 그 역사적 배경과 그 원어인 히브리어와 헬라어를 공부하는 것을 초월하게 하고, 때로는 그 문맥과 인간 저자가 쓴 의도를 뛰어넘게 해주어야 한다. 이제 하나님께로부터 새로이 들을 때가 왔다―그분의 말씀이 다시금 우리의 경험 안에서 살아 있는 말씀이 되어야 한다.

나는 성경이 하나님의 말씀이며, 오류가 없으며, 전적으로 성령의 감동으로 씌어진 것을 믿는다. 그것은 비교할 존재가 없으며, 더할 것이나 뺄 것이 없다. 하나님께서 저자들에게 감동을 주셨을 뿐만 아니라, 성경에 66권의 어떤 책이 포함되도록 할 것인지 선택하는 사람들에게도 감동으로 임하셨다. 성경 말씀 외에는 다른 어떤 것도 그와 동일한 권위를 가진 새로운 계시를 줄 수 없다고 생각한다. 인간의 지혜라든지, 하나님, 또는 천사로부터 직접 계시되었다고 여겨지는 책이나 통찰력이라 할지라도 성경은 그 자체만으로도 이 모든 지혜의 재판관으로 서는 것이다. 하나님은 여전히 말씀하고 계시지만 우리가 듣는 모든 것은 성경말씀으로 우리에게 주신 것과 일치해야 한다. 이러한 강력한 확신 안에서, 하나님 말씀의 생명과 영향력을 빼앗아버리는 우리를 보호하기 위해 제정된 교회의 기준과 전통이 있다. 본래 의도한 것은 아니었지만, 의도하지 않은 결과를 낳아 왔다.

하나님의 임재를 모르는 것은 큰 손실을 가져오는데, 특히 우리가 성경 말씀에 접근할 때 그렇다. 하나님의 말씀에 대한 사랑을 노래한 다윗 왕은 매일 주님을 앞에 두었다. 다윗 왕은 하나님이 가까이 계심을 규칙적으로 의식하는 것을 목적으로 삼았으며, 그러한 마음가짐으로 살았다. 그 거룩한 상상이 바로 우리로 하여금 진짜 현실에 연결되게 하는 하나님 손안에 있는 도구이다. 나의 접근은 이러하다. 하나님이 계시지 않는 곳은 없으므로, 그분이 나와 함께 하시는 것을 상상하는 게 좋겠다. 이것은 공허한 상상이 아니다. 그렇게 상상하지 않는 것이 공허한 것이다.

원칙에 의하거나 임재에 의한 삶

하나님의 임재를 즐거워하기보다 발견된 바나 원칙을 적용하는 데에 주로 중점을 두는 성경 읽기 방법이 있다. 그것이 좋긴 하지만 한계가 있다. 하나님 왕국의 원칙은 실제적이고 강력하다. 그 원칙들은 누구에게나 가르칠 수 있다. 그 원칙들이 삶에 적용되었을 때, 그들은 왕을 위해 열매를 맺는다. 믿지 않는 자들조차도 그분의 원칙대로 살면 축복을 경험한다. 나의 한 친구는 재정적인 문제가 있었다. 그는 이웃에 사는 목사에게 이 문제를 털어놓았고, 그 목사는 그의 문제가 하나님께 십일조—그의 소득의 10분의 1—로 영광을 돌리지 않은 데서 비롯되었다고 했다. 그리고 나서 자신의 충고가 정확한지 하나님께 십일조를 드림으로써 시험해 보라고 하였다. 친구가 도전을 받고 십일조를 했을 때, 그의 삶에 축복이 쏟아지기 시작했다. 그 친구는 하나님의 사랑을 맛봄으로 인해 그리스도께 자신의 삶을 바치게 되었다. 하나님 왕국의 원칙이 그가 구원받기도 전에 그 기능을 한 것을 눈치챘기 바란다. 원칙을 발견하고 적용하는 것은 불신자들도 할 수 있는 것이다.

나는 그 원칙들을 무너뜨리려고 하는 것이 아니다. 도시와 나라의 변화는 하나님 왕국의 원칙에 대한 수용성에 달려 있다. 그러나, 이것은 그리스도인들의 성경의 경험 중 핵심은 아닌 것이다. 우리는 자주 하나님과의 만남을 위해 성경을 읽어야 한다.

하나님의 음성 듣기를 배우는 것

나는 성경 말씀을 공부하면서 하나님의 음성을 알아듣는 것을 배우기 시작했다. 나는 한동안 에베소서를 읽는 데에 상당한 시간을 보냈다. 내가 "그 너비와 길이와 높이와 깊이가 어떠함을 깨달아 하나님의 모든 충만하신 것으로 너희에게 충만하게 하시기를 구하노라"(엡 3:19)라는 구절을 읽었을 때, 성령께서 말씀하셨다. 그분이 내게 말씀하시기를, 그것은 내가 이해할 수 있는 한계를 초월해 경험으로 알 수 있다는 뜻이라고 했다. 나중에 나는 원문 공부를 할 수 있었는데, 바로 이것이 원어가 이 구절에서 의미한 정확한 뜻임을 발견했다.

나는 필요를 가지고 더욱 자주 성경에 다가오게 되었고, 하나님께서는 말씀을 통해 계속적으로 분명히 가르쳐 주셨다. 하나님은 때로 한 구절을 통해 분명하게 말씀하셨는데, 나는 그것이 저자의 본래 의도가 역사하는 것이 아님을 알았다. 그것은 살아 있는 말씀이었으며 검으로서, 내 심령의 필요에 역사하는 것이었다. 수년이 지나서 나는 하나님께서 더 이상 그런 방식으로 말씀하시지 않고 다른 방식으로 말씀하시는 것을 배우게 되었다.

나는 그 법칙을 배우기 전에 먼저 말씀을 통해 하나님의 음성듣기를 배운 것을 감사하게 생각한다. 그것은 마치 오늘날은 더 이상 기적이 없다고 하는 것과 같다. 이 웃기는 주장이 몇 년 전에는 내 주의를 끌 수 있었겠지만, 지금은 너무 늦었다. 나는 이미 수천 가지의 기적을 보았다.

오류는 오류를 낳는다

성령보다 성경을 더 가치 있게 보는 것은 우상 숭배이다. 삼위일체는 성부와 성자 그리고 성경이 아니라 성령이다. 성경은 하나님을 계시하지만, 그 자체는 하나님이 아니다. 그것이 하나님을 담고 있지는 않다. 하나님은 그분의 책보다 크시다. 우리는 성경 말씀의 한 장한 장에 담겨 있는 것을 성령님께서 계시해 주시도록 의지해야 하는데, 이는 성령님 없이는 성경은 닫힌 책이기 때문이다. 이처럼 성령님께 의지하는 일이 성경공부하기 전에 성령님의 인도하심을 구하는 기도를 하는 것보다 더 많이 일어나야 한다. 삼위일체의 세 번째 분과의 교제가 계속 지속되며, 삶의 모든 면에 영향을 미치는 것이다. 성령님은 어디로부터 와서 어디로 부는지 알 수 없는 바람이시다(요 3:8 참조). 성령님은 천국의 능력이시며, 조종될 수 없고, 우리가 그분께 내어드려야 하는 것이다. 성령님은 자신의 신비를—진정으로 굶주린 자들에게—보여 주신다. 그분은 천국에서 너무나 가치 있게 여겨지며 경고와 함께 오신다. 성부와 성자에게는 죄를 지을 수 있지만, 성령께 죄를 범하는 것은 용서받지 못하는 영원한 결과가 있다.

성령님은 덜 중요시 여김을 받으며 많은 그리스도인들의 매일의 삶과 말씀에 대한 접근에서 거의 제외되어 있다. 생각 없는 몇몇의 광신도들처럼 될까 하는 두려움이 많은 그리스도인들을 가장 훌륭한 보물—성령—과 교제하는 것을 막고 있다. 우리는 하나님의 상속자들이며, 성령께서는 우리 유업의 계약금인 것이다(엡 1:13-14 참조). 몇몇의 사람들은 성령님께서 자신에 대해서는 언급하시지 않으므로 우리가 그분에 대해 별로 이야기하지 말아야 한다고 가르친다. 그러나, 성부와 성자 모두가 성령에 대해 이야기하실 것이 많다. 그분들의 이야기를 듣는 것이 현명할 것이다. 하나님은 찬양받고, 사모받고, 자랑거리가 되시며, 교제해야 할 분인 것이다. 그리고 성령은 하나님이시다.

성경 말씀에 대한 많은 신자들의 이러한 접근은 그 거룩한 글들을 쓰도록 감동을 주신 성령님과 일치하지 않는다. 우리가 성취하고자 하는 것의 대부분이 하나님의 말씀을 통해 우리와 그분의 관계를 재점검해 보지 않고는 이루어질 수 없다. 우리가 현재 아는 것으로는 갈 수 있을 만큼 갔다. 우리는 성령님의 가르침이 필요할 뿐 아니라, 성경에 대한 다른 관점이 필요하다.

상황과 특이한 우연들을 통해 말씀하시는 하나님께서는 그것이 문맥상으로 맞지 않는다 할지라도, 또는 저자의 본래 의도로 보이는 바와 정확히 맞지 않는다 할지라도, 다시금 성령님의 말씀 한 장 한 장을 통해 우리에게 말씀하시고 싶어하신다.

살아 있는 말씀

하나님의 말씀은 살아 있고 운동력이 있다. 그것은 신적인 에너지를 가지고 있으며, 항상 움직이고 그분의 목적을 달성하고 있다. 그것은 병을 고치기 위해 베어 내는 수술 의사의 집도하는 칼과 같다. 그것은 편안함과 치유를 가져다 주는 연고이다. 강조하고 싶은 점은 그것이 다면적이고 서서히 펼쳐지는 본질이 있다는 것이다. 예를 들어, 이사야가 말을 하면, 그것을 듣는 동시대 사람들에게 적용되었다. 그러나, 말씀은 살아 있기 때문에 그가 말한 많은 부분이 후일 다른 때에 성취되었다. 살아 있는 말씀은 그렇게 한다.

하나님께서는 우리가 섬길 대상을 선택하라고 하셨지만, 예수님께서는 그분이 우리를 선택했다고 하셨다. 우리는 세상이 지어지기 전에 예정되었지만, 그러나 또한 누구든지 올 수 있다고 들었다. 예수님께서는 우리가 모든 것을 다 팔아야 그분을 좇을 수 있다고 하셨지만, 한편으로 그분은 선한 일에 부유해지는 것을 가르치신다.[1] 성령께서는 우리 삶의 특정한 시절에 따라 어떤 진리를 불어넣어야 할지 알고 계신다.

서양의 논리적인 생각의 전형적인 갈등은 어리석은 자를 어떻게 대할지에 대한 잠언의 교훈이다. 잠언은 이렇게 말한다. "미련한 자의 어리석은 것을 따라 대답하지 말라 두렵건대 너도 그와 같을까 하노라. 미련한 자에게는 그의 어리석음을 따라 대답하라 두렵건대 그가 스스로 지혜롭게 여길까 하노라"(잠 26:4-5). 한 구절은 어리석은 자에게 답하지 말 것을 이야기하고, 왜 그런지를 설명한다. 그리고 나서 다른 한 구절은 어리석은 자에게 답하라고 하며, 왜 그렇게 해야 하는지를 또한 설명해 준다. 이것은 히브리인들의 사고방식에는 모순되는 것이 아니다. 그 이유는 진리가 흔히 두 가지의 갈등된 아이디어의 긴장감 속에 존재한다는 사실을 이해하기 때문이다.

고정되고, 움직일 수 없고, 반듯한 테두리와 해석을 원하는 사고방식은 유동성이 있는 듯한 이론과 기대를 보면 기분이 상하게 된다. 여기에 우리의 커다란 도전이 있는 것이다. 지금 그분이 현재에 대해 말씀하시는 것을 들을 수 있는가? 그리고, 그분이 우리 각자에게 다르게 말씀하실 수 있다는 것을 받아들일 수 있는가?

모든 진리는 동등하게 창조되지 않았다

진리는 다면적이다. 어떤 진리는 다른 진리보다 상위에 있다. 하위에 있는 진리는 흔히 상위에 있는 진리의 기반이 된다. "나는 더이상 너희를 종이라 하지 않고, 친구라 부르노라." 하나님과의 친구됨은 먼저 종됨의 기반 위에 세워진다. 진리는 본질적으로 진보적이다. 선상 위에 선상이 있고, 가르침 위에 가르침이 있다.

예를 들어, 구약의 일차적 메시지는 죄의 능력을 밝히는 것이다. 그 이유 때문에 어떤 사람이 문둥병자를 만지면 그 사람이 부정하게 되는 것이다. 죄는 압도적이다. 그것으로부터 도망치라! 신약의 일차적 메시지는 하나님의 사랑이다. 그래서 예수님이 문둥병자를 만지시면 그 문둥병자는 깨끗해진다. "사랑은 허다한 허물을 덮느니라." 양쪽의 메시지가 모두 사실이지만 한쪽이 더 큰 진리이다. 사랑이 압도하는 것이다!

사람들이 다른 등급의 진리에 헌신되어 있을 때 교회 안에서는 많은 분열이 일어난다. 우리는 고정된 법칙과 테두리를 선호하고, 유연하고 바뀔 수 있는 것을 좋아하지 않는다. 고정된 법칙을 열망하는 것은 법을 기본적으로 선호하는 우리의 기본적인 성향이다. 미리 정해진 경계선은 우리를 순종 중심이 되게 하고, 관계 중심이 되지 못하게 한다. 한쪽은 암기한 법칙과 규칙에 초점이 있다. 또다른 하나는 그분의 음성과 임재에 초점이 있으며, 법칙과 규칙은 다른 위치에 놓여 있다. 음행을 저지르다가 잡힌 여성이 예수님 앞에 왔을 때, 예수님은 자신의 법칙과 율법이 요구하는 것과 어긋나는 방식으로 실행하기로 결정하셨다. 그리고 예수님은 하나님 아버지께서 하시는 것만을 행하셨다. 순종은 언제나 우리에게 중요하다. 그러나 사랑에서 나온 순종은 법 때문에 하는 순종과는 현저하게 다른 모양을 하고 있다. 이스라엘은 그들이 할 수 없다는 것을 발견했고, 우리도 마찬가지이다.

성경 말씀이 변한다고 말하는 것은 편치 않은 개념이다. 그것은 소용 없어지거나 스스로를 모순되게 하는 방식으로 변하지는 않는다. 그러나, 그것은 계속적으로 증가하시는 하나님의 영의 움직임을 반영해 포도주 부대가 늘어나는 것과 같은 방식으로 변한다. 신명기 23장 1절에 보면, 주님께서 "고자는 여호와의 총회에 들어오지 못한다"고 명령하시는 것이 나온다. 그러나 이사야 53장 3-5절에 보면, 언약을 지키는 고자는 영원한 이름을 주어 끊어지지 않게 하리라고 하였다. 마지막으로, 사도행전 8장에 보면, 빌립이 에티오피아에 최초의 전도자로 가게 되는 환관을 개종시키는 장면이 있다. 베드로는 이런 종류의 움직임을 '현재의 진리'라고 불렀다.

문맥을 벗어남

신약에 인용된 구약의 예언을 공부하게 되면, 예수님과 성경의 다른 저자들이 그들의 요점을 증명하고자 구약의 구절들을 문맥에서 벗어나게 사용했다는 것을 발견할 수 있다. 성령께서 역사하신 것은 성경 말씀이 씌어지도록 하기 위한 것이었고, 이제는 성경[2]이 완성되었기 때문에 오늘날 그와같이 하는 것은 용납될 수 없다고 흔히 생각한다. 어떻게 성경이 씌어진 동일한 법칙을 성경을 해석하는 데에는 사용할 수 없다는 것인가? 그 규칙은 우리로 하여금 경험에 의해 새로운 교리를 창조하고 정통 기독교 교리에 거슬리는 일을 하지 않도록 고안된 것이다. 이 논리가 고귀하긴 하지만 그 법칙은 성경적이 아니다. 그것은 우리로 하여금 교회에 주어진 풍성한 열매를 맺지 못하도록 만드는 것이다.

그 규칙은 우리가 성령님의 임재와 음성에 익숙하지 않기 때문에 씌어졌다. 문제는 우리가 성경 말씀을 부정확하게 해석한다는 것이 아니다. 진짜 문제는 성령님께서 2000년 동안 우리와 함께 지상에 계셨음에도 불구하고 우리가 아직 그분을 모른다는 것이다! 그 규칙은 해답이 아니다. 삼위일체의 세 번째 위격이신 그분을 무시한 것에 대한 회개가 정말 필요한 해결책의 시작인 것이다. 그 자체만으로도 온 세대가 경험할 수 있을 것이라고 상상하지 못했던 하나님의 영역 안으로 우리를 데리고 들어갈 것이다.

어떻게 성령님께서 성경이 씌어지도록 감동으로 임하실 때 사용하시지 않았던 성경 해석의 규칙을 우리가 정할 수 있단 말인가? 그리고 성경이 이미 완성되었기 때문에 그것이 더이상 용납될 수 없다는 것은 성령이 우리와 함께 하시고 무슨 뜻으로 성경을 쓰셨는지를 아시므로 별로 가치 없는 주장이다. 이는 어떤 이들이 거룩하지 못한 것 또는 부정확한 교리를 창조하게 하는 잠재적인 위험이 있지만, 그런 이유는 성령님께서 그분의 백성에게 말씀하시기 위해 사용하시는 필요한 도구를 없애는 것을 정당화하지 못한다. 위험이 있지만 훌륭한 보화도 있다. 이것이 바로 필요한 긴장감이다.

터지지 않는 새로운 포도주 부대

교리는 성령의 기름에 의해 신축성 있는 포도주 부대가 되어야 한다. 만일 그것이 경직되어 있거나 움직일 수 없다면, 그분의 말씀을 더욱 열어 보이시는 하나님의 습관에 내어드려질 수 없을 것이다. 하나님께서는 우리가 이미 이해하고 있다고 생각하는 지식에 더하시기를 즐겨 하신다. 지나치게 경직됨은 계속되는 계시의 무게 아래 교리의 포도주 부대를 터뜨려 버리게 할 것이다. 그 결과는 교회가 주변 세상에 대해 관계 없고 힘 없는 존재가 되는 것이다.

어떤 특정한 신학적 관점을 선호해 그 주변에 기념비를 세우고 반대파의 중요한 관점에 귀머거리가 되거나 적대적이 되는 것은 쉬운 일이다. 예를 들어, 나는 칼빈주의자이기 전에 우선 아르메니안의 배경이 훨씬 우선되는 사람이다. 그러나, 나의 가장 절친한 친구들 중 몇 명은 칼빈주의자들이다. 그들이 가르치는 중에 신선함이 있기 때문에 나는 성령님께서 그들을 통해 역사하시는 것은 듣기를 즐겨한다. 나는 하나님의 주권에 대해 확신을 갖게 되고 "하나님께서 나를 선택하셨고, 내가 그분을 선택하지 않았다!"는 확신을 갖고 회의를 떠나게 된다. 반대로, 어느 회의에 앉아서 그 정반대의 의견이 강조되는 것을 들으면, 나는 또한 확신을 가지고 그 회의를 떠나게 된다. 자유의지와 우리의 선택의 힘, 이 지상에서 내게 주어진 임무, 그리고 그분의 목적의 결과는 그분의 백성의 충실함에 있다는 확신말이다. 어떤 것이 진리인가? 양쪽 모두 진리이다.

성령님께서는 마음 가운데 있는 것들을 자유롭게 우리에게 말씀하실 수 있어야 한다. 특히 우리가 자연적으로 거부하게 되는 것들에 관해서. 그것이 성경적으로 근거가 있고 특정한 목적을 위해 그것을 살아나게 하는 하나님의 숨결이 있다면 우리는 그것에 대해 열려 있어야 한다. 오류는, 성경의 일부분을 편리하게 제외하는 어떤 특정한 교리적 성향을 둘러싸고 기념비를 세워서 우리 스스로를 그 신학적 관점 안에서 안정감 있게 느끼도록 하는 것이다.

나는 또한 영적인 아버지들보다 교리를 둘러싸고 모이는 우리의 경향에 대해 염려하고 있다. 전자는 교단을 만들게 되고, 후자는 어떤 운동을 시작하게 되는 것이다. 우리의 가장 소중한 교리들도 성령의 영감 아래 확대될 수 있다. 우리가 가장 어렵게 느끼는 것은 확대가 아니다. 그것은 언뜻 보아서 우리가 배운 것과 모순된다고 여겨지는 어떤 것에 대해 그분이 말씀하실 때인 것이다. 엄격한 교리에 대한 열망은 그분의 음성을 듣지 못하는 정도와 정비례하는 것이다. 우리가 그분의 음성을 듣고 실제로 그것이 우리의 전통적 배경과 다르다고 할지라도 그분의 계시를 끌어 안는 것은 필수적이다.

하나님께서는 나의 남은 생애 동안 한 가지 성경구절로써 나를 먹이시고도 남을 만한 큰 분이다. 하나님의 말씀은 무한대로 깊다. 나는 어린 아이와 같이 알아 듣는 것을 익혀야 한다. 이는 내가 무경험자처럼 남지 않는다면 내가 아는 바가 내가 알아야 할 것을 알지 못하도록 막을 것이기 때문이다. 성경의 어떤 부분의 전문가가 되는 것은 흔히 하나님께서 말씀을 통해 열어 보이시는 새로운 것들을 배우는 것으로부터 우리의 마음을 닫히게 하는 원인이 된다.[3] 다시 말하지만, 하나님의 계시를 끌어당기는 것은 어린 아이와 같은 심령인 것이다(마 11:25 참조).

예수님, 그 궁극적인 계시

모든 것을 다 바꾸어 놓기 직전의 한 계시가 바로 예수님의 계시이다. 바울은 우리가 계시를 통해 알아야 하는 무언가가 있고(엡 1:17 참조) 이것이 우리를 그리스도의 장성한 분량까지 자라게 할 것이라며 이것을 최대한으로 강조해 이렇게 말했다. "우리가 다 하나님의 아들을 믿는 것과 아는 일에 하나가 되어 온전한 사람을 이루어 그리스도의 장성한 분량이 충만한 데까지 이르리니"(엡 4:13). 장성한 분량까지 자라는 것이 하나님의 아들을 아는 지식을 얻은 결과라는 것을 알라. 우리는 그분을 봄으로 인해 그분과 닮아가기 때문에 이 계시는 우리가 오늘날 알고 있는 교회의 모습을 완전히 바꾸어 놓을 것이다. 이것이 우리가 예수님을 정확히 대변하는 것을 가능케 해 줄 것이다.

예수 그리스도가 완벽한 신학이다. 그분은 하나님 아버지의 궁극적인 초상화인 "하나님의 영광의 광채시요 그 본체의 형상이시다"(히 1:3 NASB). 구약에 나온 하나님의 본질에 대한 질문이 신약에서 명확하게 정리된다. 하나님의 고치고자 하시는 절대적인 열망과 제공하심에 대해 가르칠 때, 나는 이런 질문을 받는다. "욥에 대해서는요?" 나는 이렇게 대답한다. "저는 욥의 제자가 아니에요. 예수님의 제자이지요." 욥의 삶은 구주가 필요하다는 깨달음을 얻는데 도움을 주었다. 욥이 질문거리인 것이다. 예수님은 그 해답이시다. 욥을 공부하는 것이(그리고 다른 구약성경의 다른 문제들을 공부하는 것이) 그리스도를 해답으로 깨닫게 되는 길로 인도하지 못한다면, 그것은 우리가 그 질문을 진정으로 이해하지 못한 것이다. 구약의 유형과 상징들은 신약의 예수님을 통한 하나님의 분명한 현시를 무효화하지 못한다. 하나님의 본질에 대한 어떠한 것이든지 예수님이 누구이신가를 통하지 않는 것은 의심하고 보아야 한다.

기적을 보려고 예수님께 왔다가 실망하고 떠난 사람이 있는가? 단 한 사람도 없다! 예수님은 하나님께 의지하신 인간으로서 100% 성공하셨다. 예수님은 참석하신 모든 장례식을 망치셨는데, 자신의 장례식도 예외는 아니었다. 제자들이 예수님께 어린 아이를 축사해 주려고 시도했다가 실패한 것에 대해 여쭈어 보자, 예수님은 이런 것은 기도와 금식밖에는 없다고 하셨다(막 9:29). 예수님의 권고에 반응하고 포착하기 어려운 듯한 이 돌파를 어떻게 할지 스스로 발견할 때가 되었다. 예수님은 하나님의 뜻을 보여 주셨는데 그것을 우리의 경험에 맞게 바꾸어서는 안 된다. 그분의 뜻을 다시 보일 때가 왔다.

현실과 위험의 가치

성경의 한 장 한 장을 통해 하나님의 음성을 들으려고 하는 사람들이 항상 분명하게 듣지는 못할 것이라는 것은 쉽게 단언할 수 있다. 우리 중 어떤 이들은 하나님의 음성이 결코 아니었음에도 불구하고 그것을 하나님의 음성이라고 주장할 수 있다. 그러나, 성공하기 위해서 우리는 실패를 감수해야 한다.

내가 목회를 시작한 초창기에, 교회의 장로님 중 한 분이 자신과 아내는 아기를 기대하고 있다고 발표했다. 그 아이는 세 번째 자녀로 상당히 놀라운 일이 될 것이었다. 우리는 그 놀라운 소식에 함께 기뻐했다. 출산 날이 가까이 다가오자, 의사는 최악의 소식을 전해 주었다. 그의 아내 뱃속의 태아가 죽었다는 것이었다. 그 소식을 듣고 우리는 기도하기 위해 모여들었다. 성경을 찾아볼 때마다 나는 부활에 대한 구절을 발견하는 것처럼 느껴졌다. 그래서 그것을 근거로, 우리는 이 아이가 죽지 않고 살아 있다고 선포했다. 우리는 최선을 다해 예언을 했다. 출산 날이 다가왔고, 그 아기는 죽은 채로 태어났다. 굉장한 슬픔이 있었다. 첫 번째로는 그분들의 깨어진 마음과 상실 때문이었고, 두 번째로는 실제 하나님으로부터 듣지 않고 우리 스스로의 예언적 선포를 통해서 그것을 놓쳤다는 것 때문이었다. 우리 교회는 이 비극과 우리의 실수를 되돌아 보고자 모였다. 그리고 조심스럽게 내가 아는 대로 우리가 하나님을 놓친 부분에 대해 언급했고, 실망감과 상실에도 불구하고 계속 전진하라고 격려했다.

그 때를 기점으로 의사들이 태내에서 죽었다고 밝혔던 최소한 두 명의 아기들이 건강하게 살아서 태어난 일이 있었다(한 어머니는 다섯 명의 의료 전문가들에게 검사를 받았는데, 모두 태아가 죽었다는 결론을 내렸다. 각 의료 전문가는 아기를 낙태하도록 허락하지 않으면, 그 어머니가 죽을 것이라고 경고했다. 예수님은 긍휼로 그 아기를 뱃속에서 살리셨다). 큰 위험부담의 영역은, 우리가 실패했지만 포기하지만 않는다면 굉장한 권위의 영역이 될 수 있다.

20세기 초에 하나님의 능력을 맛본 신자들이 더 많은 경험을 하기 원해 모인 집회가 있었다. 많은 이들이 선교사가 되기 위해 외국으로 나갔지만, 하나님께서 그 나라의 방언을 주실 것이라 생각하고 그 나라의 언어를 배우는 것은 신경 쓰지 않았다. 목표하는 나라에 도착했을 때 그들이 그 나라의 언어를 하지 못했기 때문에 큰 실망이 뒤따랐다. "소망이 더디 이루어지면 그것이 마음을 상하게 하거니와"라는 구절이 선교 노력의 세월 동안 더욱 분명한 진리로 다가왔다. 오늘날 이런 훈련을 거치지 않고 기적적으로 그 나라 언어를 말하는 능력을 받은 사람들이 많이 있다. 나는 10개가 넘는 완전히 다른 언어들을 말할 줄 아는 한 부부를 알고 있다. 대부분 새로운 지역에 그들이 전도하기 위해 들어갔을 때 받은 것이었다. 훈련을 소홀히 하기 위한 변명은 아니지만, 이것은 그들이 실패했다고 여겼음에도 불구하고 이전 세대의 노력에 대한 상급이었다.

수년 전 한 그리스도의 몸된 교회의 한 리더가 자신의 교회에서는 일부러 예언사역을 없애 버렸다고 말했다. 그는 너무나 많은 위험과 많은 잠재적 문제가 있다고 느꼈기 때문이라고 했다. 그를 존중했기 때문에 내가 동의하지 않는다고 말하지는 않았지만, 위조자들은 가짜 1원짜리를 만들지 않는다는 것을 알았기 때문에 속으로 흥분이 되었다. 1원짜리를 만드는 것은 그만한 노력의 가치가 없는 것이다. 만일 원수가 그렇게 많은 노력을 기울여 위조품을 만들었다면, 진짜는 정말 대단한 가치가 있을 것이다. 영원의 결과가 있는 것만이 마귀의 관심을 받을 만한 가치가 있는 것이다. 그런 이유로 나는 예언적 사역과 같은 위험의 영역을 보면 격려가 된다.

나의 해결책은 같은 마음을 가진 동역할 사람들을 찾아서 함께 추구하는 가운데 연관되어 있는 위험을 알고, 진짜를 찾으며 겸손함과 책임감을 가지고 스스로를 돌아보는 것이다.

위험에 대한 적절한 반응

자주 카리스마틱하거나 오순절교적인 집단들은 빈약한 신학적 기반을 가졌다고 원망을 듣는다. 그럼에도 불구하고, 더 많은 것을 원하는 굶주림이 몇몇의 사람들로 하여금 '선을 넘어가게' 한다.

가장 위험한 이단은 주님의 레마의 말씀을 듣고 순종하고자 하는 열심이 아닌 경우가 많다. 주로 이 비극들은 실제적이든지 상상이든지 악마적인(빛의 천사) 방문 때문이며, 결과적으로 그것이 성경의 권위까지 상승되는 소위 말하는 계시라는 것이다. 하지만, 역사를 통해 말씀의 구절에서 잘못된 영감을 받은 경우들이 많이 있다. 그 결과는 잘못되거나 빈약한 교리가 창조되는 것이다. 다르거나 독창적인 것을 원하는 잘못된 신학을 장려해 왔다.

예를 들어, 지난 세기에 어떤 사람이 변화산의 이야기를 읽고 있었다. 모세와 엘리야가 사라지자, 제자들은 "오직 예수님만을" 보았다고 되어 있다(마 17:8 참조). 그에게는 이것이 교회가 수년 동안 놓쳐 왔던 레마의 계시로 보였다. 성부, 성자, 그리고 성령이신 삼위일체는 없었다. 그곳에는 오직 예수님만이 있는 것이었다. 성부와 성령은 본질적으로 예수님이 다른 형태로 계시는 것이었다. 그래서 또 하나의 이단이 탄생했다.

전에 언급한 법칙들은 우리를 이러한 실수로부터 보호하기 위해 만들어졌다고 확신한다. 그러나, 때로는 우리를 오류로부터 지켜 주는 것이 또한 우리를 소명에 이르지 못하게 막는 것이 되기도 한다. 나는 위의 예가 그러한 경우라고 본다. 위험하고 본질적으로 중요한 아이디어들에 대한 적절한 반응은 겸손하고, 굶주려 있고, 위험을 감수하며, 또한 책임감 있는 상태로 있는 것이다.

많은 경우에 그 해답이 교리적으로 안정감 있으며, 개인적인 경험 없이, 위험 부담의 기회를 거부하며, 감정적인 표현과 열정을 허락하지 않는다. 분석적으로 그리스도인의 삶에 접근하는 것이었다.

기독교는 훈련으로 알려진 적이 한 번도 없었고 열정으로 알려져 있다. 열정이 없는 자들은 스스로가 아는 것보다 훨씬 위험한 상태에 있는 것이다. 악령들은 권능이 없고 종교적으로 깔끔하게 처리된 공간에 매력을 느낀다.

교회 안에서 많은 교단의 초점이 적당한 교리적 기반이 신앙의 중심에 있도록 하는 데 있다. 이것은 생명, 능력, 또한 그리스도의 영광을 보여 주는 하나님과의 만남으로 신자들을 이끌어주지 못했다. 예수님께서는 바리새인들에게 다음과 같이 경고하셨다. "너희가 성경도, 하나님의 능력도 알지 못하는고로 오해하였도다"(마 22:29 참조). 말씀과 하나님의 능력이 모두 필수적이다! 어떠한 영역의 결여도 정당화될 수 없다. 우리가 복음을 온전히 표현하는 것을 추구하며 서로를 존중하는 것을 배움에 따라 신학적인 흐름의 정확성과 기독교의 경험적인 흐름이 합류하게 될 것이다.

묵상: 생각하는 자가 새로운 포도주 부대가 되는 길

성경적 묵상은 뉴에이지에서 장려하는 것과는 완전히 다른 것이다. 그들이 하는 것은 우리의 마음을 비우도록 권하고 어떤 빛의 천사가 들어와서 결국에는 조종하게 하는 가능성을 주는 모조품일 뿐이다. 불행하게도 많은 악한 영들이 빈집을 찾고 있다. 진정한 묵상은 하나님의 말씀으로 스스로를 충족시킨다. 그 생각의 절대적 기반이 일생의 여정으로 확실히 데려가는 과정의 방향을 정하는 것이다. 이것이 성령과의 교제인 것이다. 그것은 사람의 마음에 씨가 싹을 틔우도록 시간을 줌으로써 성경에서 말하는 새 포도주 부대를 얻게 되는 것이다. "너희는 떨며 범죄하지 말지어다 자리에 누워 심중에 말하고 잠잠할지어다"(시 4:4 NASB).

묵상의 풍성한 열매

창세기에는 야곱과 그의 속임수 많은 장인 라반에 대한 이야기가 있다. 야곱은 영원처럼 느껴지는 오랜 시간 동안 라반을 위해 일했고, 반복해서 사기를 당했다. 그는 이 소모적인 관계를 끊고 늘어나는 가족을 위해 가정을 꾸리고자 했다. 수년간의 봉사에 대한 대가로 짐승의 무리 중 일부를 받기로 라반과 계약을 맺었다. 이것이 스스로의 삶을 시작할 수 있는 무언가를 갖고 떠날 수 있게 해 줄 것이었다. 야곱은 모든 점박이와 얼룩이 있는 양과 염소들을 수당으로 받기로 했다. 라반은 점박이와 얼룩이 있는 것은 돌연변이인 것을 알고 그 변종들이 야곱의 수당이 될 것에 동의했다. 창세기 30장 37-39절NASB은 야곱의 약삭빠른 계획을 다음과 같이 말했다.

야곱이 버드나무와 살구나무와 신풍나무의 푸른 가지를 가져다가 그것들의 껍질을 벗겨 흰 무늬를 내고 그 껍질 벗긴 가지를 양 떼가 와서 먹는 개천의 물 구유에 세워 양 떼를 향하게 하매 그 떼가 물을 먹으러 올 때에 새끼를 배니 가지 앞에서 새끼를 배므로 얼룩얼룩한 것과 점이 있고 아롱진 것을 낳은지라

물을 마시러 온 짐승들은 얼룩얼룩하고 아롱진 나무 막대기들이 그들의 번식하는 곳이기도 한 물구멍 가까이에 있는 것을 보게 될 것

이었다. 짐승들이 물을 마시러 와서 번식을 하게 될 때, 얼룩얼룩한 나뭇가지들을 보며 번식 행위를 한 결과는 얼룩얼룩한 새끼를 낳는 것이었다. 이것은 모두 그들이 물가에 왔을 때 본 것 때문이었다.

하나님의 말씀은 여러 번 물과 같다고 표현되었다. 그것은 구약의 제사장들이 주님의 임재 가운데 들어가기 전에 놋대야로 깨끗함을 입은 것처럼 우리를 세상의 불순한 것들로부터 깨끗하게 한 것이다. 피는 죄악을 처리하지만, 물은 불순함을 처리하는 것이다(엡 5:26 참조). 성경에서 하나님의 말씀이 거울과 같다고 말한 것처럼 물을 담는 놋대야가 여성들의 거울로 만들어진 것은 우연이 아니다(고전 13:12, 고후 3:18; 약 1:23).

나는 야곱의 이야기로부터 교훈을 이끌어 내는 하나님의 의도가 무리하다고 생각지 않는다. 우리가 하나님의 말씀으로 접근할 때, 마음에 담은 것을 재생산한다. 이것보다 더 재미있는 것은 나의 개인적인 경험이다. 성경에 접근할 때 내 마음에 정해진 것이 내가 성경에서 보게 되는 많은 부분을 좌우하게 될 것이다. "부지런함으로 내 마음을 지켰는지 아닌지"에 따라 이것은 좋을 수도 있고 나쁠 수도 있다(잠 4:23).

마음에 악함이 있는 자들은 성경 말씀을 잘못 읽음으로써 자신이 원하는 답을 얻을 수 있다. 문제는 성경을 향한 방법이나 접근에 있는 것이 아니다. 문제는 우리가 겸손하고 정직하며 주님 앞에 굶주림으로 있을 의지가 있는가이다. 진리에 대한 우리의 절박함이 다른 이들이 계속해서 놓치는 듯한 것들을 얻게 할 것이다. 순전한 마음을 지키는 것이 하나님의 말씀을 향해 어떤 것도 불가능하지 않은 여정으로 만들 것이다.

만일 내가 전도를 마음에 담고 하나님의 말씀에 다가온다면, 성경의 한 장 한 장이 모두 전도에 대한 것으로 보일 것이다. 읽는 모든 이야기들이 내가 이해하고 있는 사람들을 향한 하나님의 마음을 확증시켜 줄 것이지만, 또한 내가 전에 전도에 관한 구절이라고 생각해 보지 않았던 새로운 구절들을 열어 줄 것이다.

재정도 같은 진리이다. 만일 내가 돈에 대한 생각을 가지고 하나님의 말씀에 다가온다면, 성경 전체가 청지기에 대해 가르치고 있는 것으로 보일 것이다. 이 원칙이 언급할 수 있는 거의 모든 주제에 해당된다. 이 물구멍에 가지고 오는 것이 당신이 보게 되고 생산하게 될 것을 좌우할 것이다.

하나님은 우리가 그분의 해결책들을 이 지상의 어려움과 충격적 사건에 가져와 제공하기를 원하신다. 우리가 지상에서 우리의 영향력과 권위의 장소로부터 주님 앞에 근심거리들을 가지고 오면 그분은 말씀에 담겨 있는 신비들을 열어보여 주시기 시작한다. 예를 들어, 만일 두 친구 간에 한 직장을 두고 갈등이 일어나면, 하나님께서는 평화를 어떻게 가지고 올 수 있는지에 대한 말씀을 통해 구체적인 통찰력을 주실 것이다. 사업을 확장할 필요가 있는데 어떻게 해야 하거나 언제 해야 하는지 모르고 있다면, 하나님은 성경의 한 장 한 장을 통해 말씀하실 것이다. 그것은 살아 있고, 즉시 적용이 가능하며, 그 범위와 능력에 있어 한계가 없다.

하나님의 말씀은 삶에 다가온다. 그분은 성경 한 장 한 장에 숨을 불어 넣으시고 우리의 심령 안에 무언가가 일어난다. 그것은 삶에 다가온다! 결국에는 이렇게 요약되는 것이다. 우리는 하나님 말씀의 물가에 올 때 보는 것을 재생산하게 될 것이다.

말하기를 배우는 것

우리가 하나님 말씀을 공부하면, 하나님의 마음이 밝혀진다. 하나님이 선포하신 모든 것이 실제로 일어나게 될 것이다. 하나님 말씀은 그분이 의도하신 열매를 맺지 않고는 되돌아 오지 않을 것이다(사 55:11 참조). 우리는 하나님 아버지께서 말씀하시는 것을 통해 성경적인 선포로 이 세상을 빚어 가는 법을 배우는 특권을 가지고 있다. 이것이 다음 장의 주제이다.

9장

세상을 새로이 디자인하기

성령은 믿지 않는 신자들의 몸 안에 갇혀 계신다.

제1장에서 우리는 짐승들의 이름을 짓는 아담의 역할을 잠시 들여다 보았다. 그는 자신이 살 세상의 본질을 고안하는 일에 하나님의 동역자가 되는 독특한 책임을 맡게 되었다. 우리가 다시 한번 그 경지의 권한을 회복하는 것이 가능할까? 예수님의 보혈이 이보다 조금이라도 못한 일을 하겠는가? 우리는 청지기의 역할을 감당하기 위해 이 놀라운 도구를 부여받았다. "죽고 사는 것이 혀의 힘에 달렸나니…"(잠 18:21 NASB). 우리는 언어로 환경을 디자인하고 바꾼다. 조금 전까지만 해도 존재하지 않았던 현실은 간단한 선포로써 만들어진다. 이 도구를 가지고 우리는 세우고 무너뜨리며, 격려하고 낙심케 하고, 생명을 주거나 파괴하기도 한다.

선포된 말은 땅을 하늘의 자원으로 지원하게 만드는 능력이 있다. 변화를 일으키는 자들로서 우리는 우리가 살고 있는 세상을 실제로 짓고 있다는 것을 깨닫고, 첫 번째로 우리가 하는 말에 관심을 두어야 한다. 우리는 하나님의 세상과 그분의 방법을 밝히며 하나님으로부터 오는 것을 말하는 능력을 갖고 있다. 조셉 갈링턴 교구 감독은 이같이 말했다. "어떤 것이 선포되어지지 않고서는 하나님 왕국에서 아무것도 일어나지 않는다."

예수님께서는 성령의 주된 역할 중 한 가지를 이렇게 묘사하신다. "내 것을 가지고 너희에게 알리시겠음이라"(요 16:14). 예수님이 이렇게 말씀하신 것은 모든 것이 그분께 속했다는 것을 밝히신 후이다. 예수님께서는 그분의 유업(모든 것)이 우리에게로 옮겨질 것을 말씀하시는 것이다. 그것은 선포를 통해 일어날 것이다. 하나님께서 말씀하실 때마다 그분에게 속해 있는 하늘의 자원들이 우리에게로 이체된다. 그리스도 안에서 우리 유업의 광대함을 발견하는 것과 그것을 방출하기 위해 하나님의 음성을 듣는 것은 필수적이다. 이것은 이해를 능가하는 것이다. 이것은 모든 것이다(고전 3:21).

'모든 것'의 이동, 우리 유업은 다음과 같은 질문을 가져오게 한다. "왜 하나님께서는 우리에게 모든 것을 주셨을까?" 그것은 하나님께서 우리에게 주신 지상대명령을 완수하기 위해 모든 것이 필요하기 때문이다. 하나님으로부터 오는 우리의 임무는 우리 감독하에 있는 '모든 것'을 사용해 지상을 향한 그분의 목적을 달성하는 것이다.

도구의 시간

우리 주변 세상의 본질을 재정의하는 데 필요한 필수적인 도구 중 하나는 격려의 은사이다. 이 심오한 도구는 하늘의 모든 관심의 대상이 되고 있다. 천사들이 그것이 사용되는 것을 보면 자신에게 과제가 주어졌음을 안다. 이는 누군가에게 스스로나 상황에 대해 기분 좋게 느끼도록 자연적으로 언어를 사용하는 것 이상인 것이다. 그것은 본질적으로 초자연적이며 천국의 반응을 가져오기 위해 천국과 동역하는 것이다.

같은 이치로, 성령께서는 선포를 통해 우리의 유업을 이체시켜 주심으로써 우리가 말을 통해 천국의 영역을 풀어놓도록 하는 것이다. 하나님의 경영원칙에 따르면, 선포 없이는 어떤 창조도 없다(시 33:6 참조). 하나님의 언약적인 약속과 일치하는 의도적인 선포는 이 세상의 왕국들이 변화하는 데 있어 필수적인 것이다.

정해진 은총의 시간이 왔다

"예수는 지혜와 키가 자라가며 하나님과 사람에게 더욱 사랑스러워 가시더라"(눅 2:52 NASB). 사람에게 사랑스러워 가는 것은 그 사회 안에서 영향력에 다가가기 위해서다. 예수님께서 왜 사람들에게 사랑스러워 가셨는지 이해할 수 있다. 그런데, 하나님의 아들이시며 모든 면에서 완벽하신 그분이 어째서 하나님께 사랑스러워 가실 필요가 있었단 말인가? 해답이 없지만 내가 아는 바는 이렇다. 만일 예수님께서 자신의 임무를 다하기 위해 하나님의 은총이 필요한 것이라면, 우리는 얼마나 더 많이 필요할 것인가?

하나님의 왕국에 관련된 모든 것들이 그러하듯, 우리는 우리가 가진 것을 너그럽게 나누어 줌으로써 더 많은 것을 받는다. 그것은 은총, 다른 말로 은혜에도 다름없이 적용된다. "무릇 더러운 말은 너희 입 밖에도 내지 말고 오직 덕을 세우는 데 소용되는 대로 선한 말을 하여 듣는 자들에게 은혜를 끼치게 하라"(엡 4:29 NASB). 이 구절에서 덕을 세우는 말을 하는 것이 우리가 그 말을 해주는 대상의 삶에 굉장한 가치가 있는 은혜를 가져온다는 것을 발견할 수 있다. 이것은 우리가 섬기기로 한 사람에게 하나님의 은총이 부어지도록 끌어오는 역할을 하는 격려의 말을 통해 변화를 가져오므로 중요한 도구인 것이다.

나에게는 한 예언자 친구가 있는데, 만일 자신이 어떤 특정한 교회를 가기를 바란다면 내가 그냥 얘기만 해주면 가겠다고 했다. 이 훌륭한 사람의 눈앞에 내가 가지고 있는 은총이 옮겨질 수 있다. 그는 나에게 장소를 선택할 수 있는 자유를 주었고, 이 은총 때문에 나는 그가 알지도 못하는 교회에 그 은총을 주게 될 것이다. 비슷한 이치로, 하나님께서는 우리가 그분으로부터 받은 은총을 그들에게도 허락하실 것이다. 이는 청지기의 문제이다. 만일 우리가 신자들이 영원한 결과를 가져오는 이러한 역할을 맡게 되었는지 의심한다면, 예수님께서 말씀하신 것을 상기시켜 주고 싶다.

"너희가 누구의 죄든지 사하면 사하여질 것이요 누구의 죄든지 그대로 두면 그대로 있으리라 하시니라"(요 20:23 NASB).

예우의 문화

격려는 우리가 예우의 문화라고 부르는 것을 만들어 내는 데 사용되는 첫 도구이다. 우리는 신자들이 그들의 소명에 들어서도록 훈련하기 위해, 우리의 공동체를 의로움으로 강하게 하기 위해, 또 심지어는 전도하기 위해 예우를 사용한다. 우리는 우리 공동체의 여러 가지 면에서 놀라운 결실을 맺은 사람들을 영예롭게 했다. 대부분의 불신자들은 그리스도인들이 그들에 대해 무언가 좋은 말을 하는 것에 익숙해 있지 않다. 기독교는 우리가 좋아하는 것보다는 좋아하지 않는 것으로 더 많이 알려져 있다. 우리의 부족함에도 불구하고, 다른 사람들로부터 구별되도록 우리는 놀라운 은사를 부여받았다. 격려하는 은혜를. 우리가 격려하면, 이것은 한 번 기분 좋은 순간을 갖는 것 이상인 것이다. 이는 실제로 하나님의 은총을 풀어 주는 것이다.

격려가 하나님의 초자연적인 활동을 주변 환경으로 풀어 낸다는 진리는 하나님의 왕국에서는 큰 관건이다. 이사야 35장 4절에 보면 하나님의 백성이 다음과 같은 말을 서로에게 하여 사역하도록 명령되었다. "굳세어라, 두려워하지 말라, 보라 너희 하나님이 오사 보복하시며 갚아 주실 것이라 하나님이 오사 너희를 구하시리라 하라." 이 격려는 하나님의 약속과 언약을 제공하는 기반 위에 세워진 것이다. 이는 약속과 선포로 인해 가능하게 된 바를 인간의 삶의 현실로 가지고 들어가는 것이다. 천사들은 그것들이 확실히 현실화되는 것을 보증하는 말을 통해 자신들의 임무를 완수한다(시 103:20 참조). 천상으로부터의 이 놀라운 반응은 주목할 만한 것이다.

"그 때에 맹인의 눈이 밝을 것이며 못 듣는 사람의 귀가 열릴 것이며 때에 저는 자는 사슴 같이 뛸 것이며 말 못하는 자의 혀는 노래하리니 이는 광야에서 물이 솟겠고 사막에서 시내가 흐를 것임이라"(사 35:5-6).

불가능이 격려의 초자연적인 영계속에서는 가능해지는 것이다.

이러한 예우의 영계는 우리가 주변에 섬기는 자들에게 생명을 주어 건강케 한다. 우리가 상황의 희생자가 되는 대신 상황이 우리의 희생자가 되게 하여 언약의 목적으로 이끌어 오는 것이다(롬 8:28). 우리는 사회의 깊은 속에서 터져 나오는 외침에 대한 해답이 되는 것이다.

뒤집어 살기

하나님 왕국의 영역 안에 담겨 있는 것은 인생의 모든 문제에 대한 해답이다. 그것이 오존층 파괴의 문제이든, 다투기 잘하는 이웃과 지내는 답답함이든, 또는 무너져 가는 결혼이나 사업의 문제이든 상관없다. 하나님의 통치의 영역에 해답이 있다. 통치의 영역은 성령께서 예수 그리스도의 주님 되심을 보이시는 영역인데, 이는 우리의 심령 안에 가장 먼저 인식되어야 한다.

예수님께서는 우리에게 이렇게 가르치셨다. "하나님의 나라는 너희 안에 있느니라"(눅 17:21). 하나님 왕국의 모든 관건들은 심령의 문제이다. 태도, 야망, 안건들에 적절하게 대처하는 것이 우리 삶에 나타나는 하나님의 통치를 즐기는 열쇠이다. 성령님과 우리의 관계는 우리 모두가 보기를 소원하는 게 이루어지는 기반이 되는 것이다.

"이르시되 하나님 나라의 비밀을 아는 것이 너희에게는 허락되었으나…"(눅 8:10 NASB). 하나님의 비밀은 우리의 유업이다. 주변 사람들을 위해 우리에게는 이러한 현실에 들어갈 수 있는 권한이 허락되었다. 세상에 펼쳐 보여질 그 놀라운 것들이 우리를 통해 흐르게 되어 있다. 하나님께서는 세상을 향한 표현이 그분의 백성 안에서 솟아나도록 의도하셨다.

이스라엘은 출애굽과 약속의 땅으로 들어가는 것을 통해 하나님의 통치를 현시하도록 부름받았다. 정상적으로는 이 여정이 기껏해야

2주일 정도 걸릴 것이었지만, 이스라엘 민족은 40년이 걸렸다. 그들은 광야를 방황하며 40년을 보냈다. 현실은, 그들은 내면에서 경험하고 있는 것을 외면에서 행하고 있었을 뿐이다.

"그러므로 내가 이 세대에게 노하여 이르기를 그들이 항상 마음이 미혹되어 내 길을 알지 못하는도다 하였고 내가 노하여 맹세한 바와 같이 그들은 내 안식에 들어오지 못하리라 하였다 하였느니라"(히 3:10-11 NASB).

'미혹되다'라는 말은 '방황하다'라는 뜻이다. 그들의 내면에 일어나는 일들이 그들 주위의 세상을 정의하고 빚었다. 다른 말로, 그들의 내적 현실은 그들의 외적 현실이 된 것이다. 교훈은 간단하다. 우리 내면에서 일어나는 일이 우리 주변에서 일어나는 일들에 영향을 미친다는 것이다. 이 원리는 건강, 인간 관계, 직장에서의 성공, 그리고 우리의 은사들과 사역들에 영향을 미친다는 것이다. 이 모든 것이 심령으로부터 흘러나오는 것이다. 이를 깨닫고 솔로몬은 이렇게 가르쳤다.

모든 지킬 만한 것 중에 더욱 네 마음을 지키라 생명의 근원이 이에서 남이니라(잠 4:23).

우리 마음의 청지기 노릇을 하는 것은 일생의 주된 책임 중 하나이다. 이것을 성공적으로 하면 삶의 다른 영역에서도 성공이 보장된다. 우리의 태도가 제대로 보호받고 있으면, 거룩한 행위는 보장된 것이다. 엉망으로 하는 태도는 그릇된 생각에 틈을 준다. 그리고, 그릇된 생각이 바로 죄악의 행위에 틈을 주는 것이다.[1]

땅에 평화

마가복음 4장에서 예수님은 제자들의 목숨을 위태롭게 하는 폭풍우 속에 계셨다. 놀랍게도 예수님은 잠들어 계셨다. 예수님이 지치셨기 때문에 주무셨다고 말하는 사람들도 있다. 나는 예수님이 살고 계신 세계에는 폭풍이 없었기 때문에 주무셨다고 말하고 싶다. 예수님께서는 천국의 위치에 앉아 있는 것이 어떤 것인지를 보여 주신 것이다. 이는 그분이 지상에서 바로 그들 앞에 분명히 서 계셨음에도 불구하고 "하늘에서 내려온 자, 곧 인자…"(요 3:13)라고 하셨던 그 말씀의 의미를 정확히 적용한 것이다.

제자들이 예수님을 깨우고 말했다. "우리가 죽게 되었는데도 상관 아니하시나이까?"

이것은 세상의 구원자에게 던지기에는 놀라운 질문이었다. 그분은 폭풍우에 '평안'을 말씀하심으로 반응하셨고, 폭풍우는 끝이 났다.

갈등 중에서도 예수님을 쉴 수 있게 한 평강은 그분이 폭풍우를 잠잠하게 하기 위해 사용하신 그 본질이 되었다. 바꿔 말하면, 예수님의 내면의 현실이 외면의 현실로 되었다는 것이다. 만일 그것이 당신 안에 있다면, 그리고 그것이 진짜라면 당신을 통해 방출될 수 있다. 우리는 받은 것만을 줄 수 있기 때문에, 잠자며 맞이할 어떤 폭풍우라도 잠잠케 할 수 있는 권한이 있는 것이다.

신적인 건강과 번영

하나님 왕국의 원리는 우리의 모든 존재적인 면과 하는 일에 영향을 미친다. 이는 심령의 배후에 있는 것처럼 보인다. "사랑하는 자여 네 영혼이 잘됨 같이 네가 범사에 잘되고 강건하기를 내가 간구하노라"(요3서 1:2). 다시 말하건대, 우리의 내면을 지배하고 있는 것이 우리의 외면에 영향을 미친다. 감정, 마음의 건강은 육의 건강에 영향을 미칠 것이다. 중요한 것은 번영하는 영이 물질적으로, 재정적으로 주님의 축복을 끌어 낸다는 것이다.[2] 이것이 삶의 본질이다. 마음의 현실이 우리 주위 세상의 본질을 정의하는 것을 도와줄 것이다.

집에서와 같이 땅에서도

그리스도인의 집안에서 자라난 많은 자녀들에게 걸림돌이 되는 것은 엄마, 아빠가 집에서 행하는 것과 교회에서 행하는 것이 다르다는 것이다. 때로 이것은 위선의 문제이다. 그러나, 이는 선한 의도를 가진 신자들이 그들의 심령을 한번 더 돌아보지 못한 데서 기인한다. 초조함과 쉬지 못함이 사람의 심령을 다스릴 때, 그들은 자동적으로 집안에서 그 분위기를 만들어 낸다. 회중 가운데 불렀던 기쁨의 노래가 정작 그것이 가장 필요한 가정에서는 낯선 존재가 되는 것이다.

이것이 실상 많은 그리스도인들이 탈진하는 원인이 되고 있다. 내면에는 있지도 않은 것을 생산해야만 하는 외적인 부담감이 있는 것이다. 이는 일 중심적인 복음이 은총의 자리에서 일하는 대신, 노동을 통해 은총을 입어보려고 하는 것에서 나타나는 현상이다.

때로 우리는 말이 창조적인 힘을 가지고 있는 것을 알기 때문에 단지 말만 바꾸려고 할 때가 있다. 그러나 여전히 입은 마음으로부터의 말을 하는 것이다. 마음을 해결하지 않고 외적인 것만을 바꾸려는 것은 종교가 하는 방식이다. 기적을 일으키도록 밀어붙이는 것도 같은 경우이다. 내면에 없는 하나님 왕국의 표현의 기준을 외면으로 취하려고 하는 것은 종교의 잔인한 감독이 존재하는 것을 뜻하는 것이다. 기적을 행하도록 하는 명령에서 우리는 그 열쇠를 찾는다. "너희가 거저 받았으니 거저 주라"(마 10:8). 우리는 우리 안에 왕되신 하나님의 통치를 체험하는 만큼 왕국을 줄 수 있다. 내면에 통치하는 것이 외면에 비처럼 내리는 것이다.

베드로의 그림자가 그러했듯이, 내게 그림자로 드리우는 것이 나의 그림자를 통해 나가게 될 것이다(행 5:15 참조). 심령은 악과 함께 온갖 중대한 영적인 돌파를 가져 올 수 있는 능력을 또한 가지고 있다. 심령의 청지기가 거기서 무엇이 생산되는지를 결정짓는 것이다.

창조주의 동역자들

걱정, 질투, 분노, 원한과 같은 것으로 묶여 있는 영은 꾸준히 창조할 수 있는 능력이 없다. 이런 때에는 우리는 고안된 의도에서 동떨어지게 기능하고 있기 때문에 그 신적인 특권 안에서 번창할 수 없다. 완전한 잠재력은 하나님께서 우리에게 명하신 것을 지는 것에서 찾아진다. "나의 멍에는 가벼우니"(마 11:30). 사람의 마음이 이러한 것들로 방해되지 않는다면 창조의 표현을 하는 데 자유롭다는 것이다.

내가 만일 8개의 실린더 엔진을 가진 자동차를 소유했다면, 온전히 힘을 발휘하기 위해서는 8개의 실린더 모두 필요하다. 실린더 6개만을 가지고도 달릴 수 있지만, 그것은 차에 별로 좋지 않다. 그 차가 그렇게 고안되어 있지 않기 때문이다. 사람들은 걱정, 공포, 그리고 다른 종류의 가정적인 압력을 늘 가지고 살면서 그들의 '모터'가 잘

돌아가고 있는 것으로 착각한다. 문제는 사람들이 정상적이지 못한 삶의 스타일을 정상으로 정의하도록 배웠다는 것이다. 원한과 같은 것들을 붙들고 있는 것은 실제 엔진의 힘을 빠져나가게 하고 중대한 영적인 돌파를 하는 데 부적격으로 만드는 것이다. 회개는 해답의 시작이다. 이는 우리를 용서와 목적으로 이끈다.

100년 대계

하나님께서 우리 교회를 향한 100년 대계를 요구하신다고 믿는다. 다른 말로, 우리는 우리가 결코 보지 못할 세대에 영향을 미칠 것이라는 것을 알고 계속해서 결정을 내린다. "선인은 그 산업을 자자 손손에게 끼쳐도"(잠 13:22). 하나님의 의로우심은 우리를 선하게 만든다. 그리고 그분의 의로움이 다음 세대에게 미칠 우리의 결정의 영향을 오늘 보게 하는 것이다.

이 대계는 오직 신적인 목적의 발견을 통해서만 가능하다. 우리가 백성을 향한 하나님의 영원한 목적을 볼 때, 이런 목적과 일관성 있는 삶의 스타일을 개발하게 되는 것이다. 그 결과는 하나님의 목적을 불신자들이 깨닫게 만드는 것이다.

우리는 가장 우선적으로 하나님의 임재 안의 백성이다. 교회는 하나님의 영원히 거하실 곳이다. 이와 같이 우리는 사람들에게 더욱 효과적으로 사역할 수 있도록 준비시켜 주고 정렬시켜 주는 하나님의 사역으로 알려져 있는 것이다. 예를 들어, 가장 순수한 형태의 전도는 단순히 예배의 범람인 것이다. 만일 하나님의 영광이 구약의 하나님의 집(들)에서 또 그 안에서 보여졌다면―그것을 지은 사람의 손들을 통해―교회라 불리는 이 집(하나님께서 그분의 교회를 지어가시므로)에서 목격되는 영광은 얼마나 더할 것인가?(마 16:18 참조)

우리는 하나님의 지혜가 능력의 자리에 있는 모든 이들―천상에 있는 통치자들과 권세들을 포함한―이 볼 수 있도록 펼쳐 보여야 한다. 지혜를 통해 오는 창조적인 표현은 존재하는 모든 이들에게 이 신자들의 집단은 지상의 문제들에 천국의 해결책을 가져다 주는 임무를 받았다는 것을 상기시켜 주는 것이다. 이것이 지상의 하위적인 지혜로부터 인간 심령의 외침에 해답을 주는 신적인 지혜로 눈을 돌리게 할 것이다.

지상의 대리 위임자들로서 우리는 예수님께서 하나님 아버지로부터 받은 과제를 지고 나아가야 할 책임이 있다. "마귀의 일을 멸하려 하심이라"(요일 3:8). 마귀는 패했지만, 그가 한 많은 일들이 손대어지지 않은 채 그대로 있다. 예수님께서 승천하시기 전에 하나님 아버지께서 주셨던 동일한 명령을 우리에게 넘겨주셨다(요 20:21 참조). 이는 "죽이고, 도적질하고, 멸망시키기 위해"(요 10:10) 온 자에게 영향을 받은 사람들의 삶을 바로잡는 공공연한 사역의 방법인 것이다.

움직일 산

다음 세대가 즐기도록 우리가 건축하려는 방법에 반대되는 두 개의 기본적인 산이 있다. 첫 번째는 자신의 이기심이다. 우리에게 무엇이 가장 좋은가를 생각하고 우리가 만든 침대에서 자게 될 다른 이들을 잊어버리기 쉽다. 히스기야는 그런 실수를 저질렀다. 그는 외국인들에게 그의 국고를 몽땅 보여 줌으로써 죄악을 저질렀다. 예언자가 다음과 같이 말하며 그를 꾸짖었다.

"여호와의 말씀이 날이 이르리니 왕궁의 모든 것과 왕의 조상들이 오늘까지 쌓아 두었던 것이 바벨론으로 옮긴 바 되고 하나도 남지 아니할 것이요 또 왕의 몸에서 날 아들 중에서 사로잡혀 바벨론 왕궁의 환관이 되리라 하셨나이다 하니" (왕하 20:17-18 NASB).

훌륭한 개혁가가 어떻게 그런 실수를 범했는지는 이해할 수 없지만, 그의 반응은 다음과 같았다.

"히스기야가 이사야에게 이르되 당신이 전한 바 여호와의 말씀이 선하니이다 하고 또 이르되 만일 내가 사는 날에 태평과 진실이 있을진대 어찌 선하지 아니하리요 하니라" (왕하 20:19 NASB).

어떻게 그렇게 대단한 사람이 자신의 혈통이 자신의 어리석은 선택으로 말미암아 저주를 입을 것이라는 것을 알았을 때 자기 혼자만을 생각할 수 있는지 참으로 슬픈 일이 아닐 수 없다. 그는 자기 시대에 축복을 누리게 될 것이라는 것에 너무나 기뻐서 그만 그의 후손들에게 악의 유산을 물려주는 존재가 된다는 사실을 잊어버린 것이었다. 그는 위대한 부흥가의 삶을 충격적으로 마무리하며 축복 대신 저주를 남겼다.

두 번째 문제는 하나님의 심판으로 인해 지구가 불타 없어질 것이라 믿으며 100년 대계를 갖는 것은 어렵다는 것이다. 우리의 소망이 완전히 천상의 삶에 의한 것일 때, 명령받은 바대로 침노하고 그분의 통치가 임하시기를 위해 기도하는 것은 어렵다는 것이다. 이것은 모순적인 진리들 사이에 존재하는 교회의 어려운 긴장감의 문제이다. 그리스도의 재림 안에 있는 축복받은 소망, 그리고 하나님 왕국(왕의 통치)이 지금 곧 임하시도록 하는 노고와 기도의 특권 안에서 우리가 즐거워함. 그리스도 재림의 약속은 그리스도의 명령에 무책임하도록 허락해 주는 것은 아니다.

양과 염소의 나라들

우리는 우리의 삶이 세상의 사건들에 극적인 차이점을 만들어 낼 수 있는 시대에 사는 영광을 안고 있다. 우리는 이 시간을 위해서 태어났다. 우리의 과제는 아무것도 불가능한 것이 없는 것처럼 사는 것이다. 열방을 제자 삼으라는 명령은 수사학적인 표현이 아니었다. 그것은 문자 그대로의 명령으로 그 임무를 껴안는 자들에게 천국의 뒷받침이 있는 것이다. 이 때 바로 '양'과 '염소'의 나라들이 결정되는 것이다. 교회의 침묵, 또는 신적인 목적에 대한 불신은 우리의 지상대명령을 성취하는 특권을 잃어버리게 할 수 있다. 그것은 성령님의 굉장한 부으심을 경험할 수 있는 나라들을 엉망으로 만들어 버릴 수 있는 것이다.

언제 어떻게 우리가 천국으로 들림 받을지와는 관계없이 우리는 예수님께서 그분의 교회를 구조하기 위해 오신다는 생각을 버려야 한다. 그 거짓이 많은 개혁의 세대들을 그 목적으로부터 일탈하게 만들었다. 그것이 교회로 하여금 증가하기 위한 목적으로 정렬하는 대신 그들이 가진 것을 보호하기 위해 방어적인 자세를 취하도록 만들었다. 진보의 목적으로 한 침노의 전략은 절대적인 하나님 왕국의 원리이다. 가진 달란트를 보호하기 위해 그것을 묻어 둔 자에게 물어 보라(마 25:24-28). 그는 받은 것을 증가함 없이 보호(보존)하기 위해 침노(소유)했고, 자신의 선택에 대한 영원한 결과를 당해야 했다.

청지기 안에서의 궁극적인 도전

우리는 이 도전의 궁극적인 진리로 나아간다. 우리는 다른 날을 위해 준비된 것들을 우리의 날에 가지고 오는 것을 배움으로써 세계 역사의 흐름을 만들어 가는 기회를 얻었다. 이것이 다음 장의 주제이다.

10장

내일을 오늘로 앞당기기

우리는 아직 오지 않은 현재를 소유한다.

하늘의 자원으로 땅을 지원하기 위해서는 청지기에 대한 이해를 반드시 높여야 한다. 리더들이 금전을 청지기하는 단순한 역할에 대해서 가르칠 때 많은 이들이 힘들어 하고, 더 무게 있는 관건—예를 들어 은사, 시간, 인간 관계, 그리고 우리가 사는 세상에 대한 이야기—을 다룰 때에는 우리들 스스로를 부적격화해 버린다. 그러나, 청지기된 우리에게 부여된 가장 큰 영광은 내일을 오늘 청지기하는 책임이다.

창의적인 표현을 통해 주변 세상을 빚어 가는 우리의 역할은, 내일을 오늘로 앞당기는 것을 즐겁게 배우는 것보다 더 최전방에 있을 수는 없다. 하나님께서는 우리에게 말씀하실 때마다 이 역할을 훈련시키시는데, 그렇게 하심으로써 하나님 왕국을 향한 사모함을 깨우고 세우시기 때문이다. 하나님 세계에 닻을 내린 심령의 사람들은 이 영역에서 섬기기에 가장 적격이다. 하나님은 자신의 영원한 목적을 우리 안에 세우신다. 하나님의 말씀은 영원으로부터 시간의 세계로 들어오고, 우리에게 탈 수 있는 노선을 허락하는 것이다. 그것은 우리를 영원과 접속하게 하며, 하나님 세계의 영향을 통해 세상에 영향을 미치도록 한다.

유업 기초반

신자들의 유업은 인간의 이해를 초월한다. 그 은사의 부요함을 영원한 미래에 미루어 놓는 것은 십자가의 능력을 현재 과소평가하는 것과 같다. 그분은 우리가 논리를 초월한 임무를 받았기 때문에 이해를 초월하는 은사를 주신 것이다. 예수님께서는 우리가 사명을 다하기 위해 필요한 모든 것을 우리에게 주셨다. 예수님은 자신의 영광으로 지상을 가득 채우시기를 원하시며, 예수님의 영광스런 신부가 그 역할을 하기를 원하신다.

우리가 미래—앞으로 올 것—를 유업으로 받았다는 것은 흥미로운 일이다. 그것이 우리로 하여금 심오한 방법으로 내일을 청지기 하게 만든다. 하나님께서는 미래의 사건들을 계시해 주시고, 우리는 그 사건들의 타이밍을 청지기하는 것이다. 이 놀라운 특권은 성경 말씀에 예문으로 나와 있고, 다른 방법으로는 이해하기 힘든 구절에 대한 안목을 가질 수 있게 해 준다.

하나님에 의해 눈이 가리워진 이스라엘

성경 말씀 전체를 통해 우리는 하나님에 대한 우리의 이해에 도전이 되는 설명이나 원리를 접하게 된다. 하나님은 신실하시고 결코 약하시지 않다. 그러나 하나님은 신비하고 예상을 초월하는 분이시다.

이러한 예가 바로 요한복음에 나와 있다. 언뜻 보기에는 하나님께서 이스라엘을 상하게 하려 작정하시고, 그들을 치유하고 싶지 않기 때문에 회개하지 않기를 바라시는 듯하다.

> 그들의 눈을 멀게 하시고 그들의 마음을 완고하게 하셨으니 이는 그들로 하여금 눈으로 보고 마음으로 깨닫고 돌이켜 내게 고침을 받지 못하게 하려 함이라 하였음이더라(요 12:40 NASB).

전체 내용을 보면 우리는 다른 그림을 볼 수 있다. 하나님께서는 부드러운 마음을 절대 굳게하지 않으신다. 부드러운 마음은 하나님께서 말씀하시는 것과 하시는 일을 받아들일 수 있다. 하나님은 깨어진 인생들을 회복하는 분이시므로, 사람들이 그분을 진심으로 찾을 때마다 넘치는 자비와 은혜로 맞아 주셨다. 그러나, 그분은 굳어진 마음을 굳어지게 하실 것이므로, 이 경우에는 전혀 다른 이야기이다.

바로 왕은 이것의 가장 좋은 예일 것이다(출 7 참조). 성경 말씀은 바로가 주님께 대항해 그의 마음을 완강하게 했고, 되풀이 해서 완악하게 했다고 말하고 있다. 그래서 하나님은 마침내 바로의 마음을 굳게 하셔서 그의 상태가 영구적이도록 했다. 만일 바로가 의의 병기로 사용되지 않을 것이라면, 하나님은 바로의 악함을 통해 이적을 행하실 것이다. 하나님의 의도는 이제 바로를 자신의 목적을 위한 장기판의 장기알로 사용하시는 것이다.

이스라엘은 이와같이 완악해졌고 하나님의 목적을 위해 사용되고 있었다. 그들은 예수님의 사역을 3년 넘게 지켜보았다. 나사렛이 우리가 알기에 유일하게 불신앙으로 거부한 도시이지만, 다른 사람들은 깜짝 놀랄 만한 기적들을 보고도 회개하지 않았다(마 11:21). 하나님께서 이적을 행하시는 것을 보는 것은 대가가 있다. 우리는 더 이상 전에 살던 방식(생각과 행동)으로 살 수 없다. 기적은 하나님의 통치를 분명히 보여 준다. 그것을 보고도 변하지 않는 것은 우리 자신에게 심판을 불러오는 것과 같다. 이것이 곧 이스라엘의 많은 도시의 상황이었다.

하나님은 완벽한 지혜를 갖고 계시며, 자신의 영광을 위해 인간의 악함도 사용하실 수 있는 분이다. 하나님 주권 안에서는 복음을 거부하는 시절을 이방인들에게 믿음을 주시는 시간으로 사용하시기로 결정하셨다. 이것이 로마서 11장에 분명하게 나와 있다.

> 그러므로 내가 말하노니 그들이 넘어지기까지 실족하였느냐 그럴 수 없느니라 그들이 넘어짐으로 구원이 이방인에게 이르러 이스라엘로 시기나게 함이니라(롬 11:11).

예수님에 대한 이스라엘의 거부는 이방인들이 감람나무이신 이스라엘의 하나님에게 접붙임을 받을 수 있는 기회가 되었다(갈 6:16, 롬 11:17-24). 그 전체의 이야기가 모든 족속, 방언, 그리고 사람들을 구원하시고자 하는 하나님의 주권적인 계획에 대한 경이로운 연구였지만, 그것을 모두 설명하는 것이 이 장의 목적은 아니다. 그것보다는 이 놀라운 이야기에 실린 것은 주목할 만한 진리이다. 만일 이스라엘이 그들을 향한 하나님 왕국 안에서의 종말에 대한 하나님의 계획을 보고 그것을 구했더라면, 하나님께서는 그것을 주셨을 것이다. 하나님은 그 약속이 성취되는 자신이 정하신 때가 아님에도 불구하고 그들에게 응답하셨을 것이다.

하나님은 그들 마음의 완악함을 눈을 멀게 하는 원인으로 삼으셔서 하나님의 계획이 자신의 시간표에 맞게 이루어지도록 하셨다. 그냥 "안 된다"라고 하시는 대신 그들의 이미 굳은 마음을 더 굳게 하셔서 그들이 하나님 왕국의 가능성들을 인식하는 능력을 잃어버리게 하신 것이었다.

이 이야기에 함축된 뜻을 당신이 보기만 한다면, 가질 수 있을 것이다. 하나님께서 미래의 약속들을 보도록 허락하신다면, 그것은 당신이 그런 것들을 갈구하기를 바라시기 때문이라고 하는 것이 옳을 것이다. 당신의 날에 이러한 약속들의 성취를 가지고 오는 것은 갈급한 심령이다.

계시의 목적

계시는 '수건을 벗기다'라는 뜻이다. 이는 우리가 좀더 분명하게 볼 수 있도록 어떤 것을 덮고 있는 것을 벗기는 것이다. 이것은 새로운 것을 창조하지는 않는다. 그것은 이미 그 자리에 있는 것을 밝히는 것이다. 앞으로 있을 일과 약속에 대해 밝히실 때에 하나님은 자신의 영역에 우리가 들어갈 수 있도록 허락하시는 것이다. 하나님이 우리에게 보여 주시는 모든 약속들이 언젠가 모두 성취될 것이지만, 그 사건들의 가속화는 하나님의 백성의 갈급함에 달려 있다. 하나님을 향한 우리의 열정과 하나님의 약속은 성장과 개발을 가속화시켜 우리로 하여금 계획보다 더 빨리 이러한 사건들의 청지기로서의 자격을 얻게 하는 것이다.

성경적 전례들

요한복음 2장을 보면, 예수님과 어머니 마리아는 가나의 혼인잔치에 가셨다. 그곳에 계신 지 얼마 안 되어서 마리아는 혼인잔치에 포도주가 떨어진 것을 알아차렸다. 마리아는 예수님에게 이 문제에 대해 이야기 했다. 예수님은 이렇게 반응하셨다. "여자여 나와 무슨 상관이 있나이까 내 때가 아직 이르지 아니하였나이다"(요 2:4 NASB). 예수님께서는 하나님 아버지께 듣고 본 바에 대해서만 말씀하시고 행하셨다(요 5:19 참조).

예수님은 이 때가 기적을 행하는 자로서의 자신을 드러낼 때가 아님을 마리아에게 말씀하셨다. 마리아는 아들에 대한 하나님의 약속을 30년 동안 잉태했고, 이제는 더 이상 기다리는 것이 어려워졌다. 마리아는 하인들에게 예수님께서 지시하는 것은 무엇이든지 하도록 명하였다. 하나님 아버지로부터 모든 명령을 받으셨던 예수님은 이제 그 정하신 때가 왔음을 인식하셨다. 놀랍지 않은가! 하나님의 시간표가 바뀐 것이다! 다른 날 이루어지도록 계획된 것(예수님을 기적을 행하는 자로 밝히는 것)이 마리아의 갈급함 때문에 앞당겨진 것이다.

또 다른 때에 예수님은 우물가에서 한 여인에게 사역하셨다. 그녀는 사마리아인이었다. 예수님께서 너무나 깊이 영향을 주셔서 그녀는 그 도시 전체를 설득해 예수님이 말씀하시는 것을 듣도록 할 수 있었다. 그들은 처음에는 그녀의 간증 때문에 믿었지만, 나중에는 예수님과의 개인적인 만남으로 인해 믿게 되었다.

중요한 사실은, 이때는 비유대인이 복음을 들을 때가 아니었다는 것이다. 마태복음 10장에서 제자들이 명령을 받았을 때 그들은 비유대인들에게 복음을 전파할 기회조차 주어지지 않았다. 이는 예수님의 죽음과 부활 이후에 올 새로운 과제였기 때문이다. 그러나 이 일화에서 도시의 사람들이 예수님께 이틀 동안 머무르시기를 간곡히 청했고 그분은 그렇게 하셨다. 그들은 다른 시간을 위해 계획된 특권을 그들의 날로 앞당긴 것이었다.

가장 심오한 일화

다윗 왕은 이 원리를 가장 잘 묘사한 일화로 상을 탈 수 있을 것이다. 그의 상황은 상상하기조차 힘들다. 다윗 왕은 율법 아래 있었다. 오직 대제사장만이 하나님의 실재적인 임재 앞에 나아올 수 있었다. 하나님의 임재는 지성소 안에 있는 속죄소(역자 주: NASB에서는 '자비석'으로 되어 있다) 위에 머무셨다. 그는 그릇에 담긴 피만을 가지고 올 수 있었고, 하나님께서 그 희생을 실제로 받아 주셔서 죄의 대가를 일 년 더 연기해 주실 것을 바랄 수밖에 없었다. 만일 대제사장 이외에 다른 사람이 하나님의 임재 안에 들어오게 되면 그들은 죽고 말 것이었다. 하나님께서 그들을 죽이실 것이었다. 당시에는 아무렇게

나 교회에 가는 태도는 없었을 것이라고 단언할 수 있다.

다윗은 하나님의 마음에 합한 자로 알려져 있다. 다윗은 하나님께 다가가는 것이 변할 것에 대한 계시를 받았고, 그의 왕궁에서 섬기는 선지자 나단과 갓에게 확인을 받았다. 이 통찰력은 모든 것을 바꾸어 놓았다. 다윗 왕은 황소와 염소의 피가 진정으로 하나님의 마음을 터치하는 데 아무 역할을 하지 못한 것을 깨달았고, 깨어짐과 뉘우침의 희생을 찾고 계셨다는 것을 알게 되었다. 당시에 또다른 급진적인 변화가 있다면 그것은 모든 제사장이 하나님의 임재에 매일 들어오도록 환영받았다는 것이다. 그리고 그들은 피의 대접을 가지고 오는 것이 아니라 감사와 찬양의 예물을 대신해서 가지고 왔다.

준비가 시작되었다. 음악가들과 노래하는 자들이 훈련을 받았다. 이스라엘은 하나님의 임재가 예루살렘에 돌아오는 것을 위해 준비하고 있었다. 이스라엘의 전 왕인 사울은 언약궤에 대해 대수롭지 않게 생각했다.[1] 그러나 다윗은 다른 어떤 것보다 하나님의 임재를 더욱 원했다. 그들이 언약궤를 운반하는 데 있어 하나님의 명령을 따르지 않아 처음에 문제가 생기기는 했지만, 다윗은 결국 소원하던 바를 이루었다. 다윗은 궤를 위해 장막을 치고 하나님의 임재를 커다란 축제로 맞아들였고 그 궤를 장막 안에 두었다. 다윗의 지시에 따라 제사장들은 하나님께 매일 24시간 예배를 드렸고 그것은 수십 년 동안 계속되었다. 장막 안 하나님의 임재 앞에 짐승의 제사는 없었다. 100% 예배만 있었다.

이제 두 가지를 아는 것이 중요하다. 첫 번째는 그들이 했던 행위는 당시의 율법에 어긋난다는 것이다. 두 번째는 신약시대의 교회 생활을 예고편으로 미리 엿보게 된 것이다. 예수님의 보혈 때문에 한 명한 명의 신자들이 하나님의 임재 안에 들어가 감사, 찬양, 예배로 하나님을 감동시켰다.

다윗은 일차적으로 예배자였다. 의심할 여지 없이 젊은이로서 그는 하나님의 임재와 그분의 마음에 대해 배웠다. 다윗은 신약의 신자들을 위해 예비된 삶의 스타일을 맛보았고, 그의 날에 그것을 갈망했다. 그가 본 바에 대한 갈망은 너무나 커졌고, 하나님께서는 다른 시대를 위해 준비하셨던 것을 다윗이 그의 날에 가질 수 있게 해주셨다.

장대한 분수령 넘어가기

우리는 성경 말씀의 더 좋은 약속을 대부분 취하고 '천년'이라 불리는 신비한 양탄자 밑에 쓸어넣는 버릇이 있다. 마지막 때가 사도행전 2장의 오순절에서 시작되었다고 말하면서 선지자들이 마지막 때에 대해 약속받은 것들을 가리켜 말하기를 그것은 천년에 속한 것이라고 하는 것은 일관성이 결여된 것이다. 예를 들어 미가서 4장 1-2절 NASB에 이렇게 되어 있다.

"끝날에 이르러는 여호와의 전의 산이 산들의 꼭대기에 굳게 서며 작은 산들 위에 뛰어나고 민족들이 그리로 몰려갈 것이라 곧 많은 이방 사람들이 가며 이르기를 오라 우리가 여호와의 산에 올라가서 야곱의 하나님의 전에 이르자 그가 그의 도를 가지고 우리에게 가르치실 것이니라 우리가 그의 길로 행하리라 하리니 이는 율법이 시온에서부터 나올 것이요 여호와의 말씀이 예루살렘에서부터 나올 것임이라."

우리가 하는 방식의 문제점은, 믿는 바는 실제로 대부분의 교회가 기다리고 있는 것 — 세상이 더 악화되고 교회가 구출을 받는 것 — 을 얻기 위해 거의 믿음이 필요하지 않다는 것이다. 이것은 큰 약속에 대한 무책임한 반응이다.

다윗이 이런 사고방식으로 살았다면, 구약의 율법에 매여 축하와 기쁨의 삶의 간증을 우리에게 제공할 수 없었을 것이다. 그는 신약의 신자가 존재하기 전에 그 모습을 묘사해 냈다.

만일 미래의 시대로부터 당대로 끌어오는 일 중 불가능한 것이 있다면, 그것은 다윗의 시대일 것이다. 율법과 은혜 사이의 장벽이 너무나 커서 우리가 만일 십자가의 반대편에 있었다면 다윗이 한 일은 도저히 예상할 수 없는 일이었을 것이다. 그러나 갈급해 하는 심령의 준비는 불가능을 가능케 했다. 그것은 미래를 위한 것을 당시의 시간으로 끌어 왔다. 그것은 단지 다른 날을 위해 예비된 것뿐만 아니라 다른 인종의 사람들을 위해 예비된 것이었다.[2] 그러나 다윗은 상상할 수 있는 한 가장 큰 장벽을 뛰어넘어 인생 최고의 특권을 가져왔다. 그는 하나님의 임재의 영광 안에 매일 들어갈 수 있었다! 이것은 오직 예수님의 보혈로만 가능할 일이었다.

최대의 도전

만일 도시가 회복되고 열방이 치유되는 약속이 천년시대의 약속이라면…그리고 하나님의 영광이 온 세상에 보여지는 것이 먼 미래의 일이라면…. 또 만일 하나님의 백성이 실제로 성인처럼 진정한 성숙의 단계에 이르지 못한다면? 나는 세 가지 질문을 해보겠다. 이 시대에 하나님께서 우리에게 성경을 통해 보여 주신 것을 너무나 갈망해서 다른 날을 위해 예비된 바를 우리의 날로 앞당겨 올 자가 있는가? 또 하나의 거대한 장벽 너머에 있는 하나님의 약속들을 끌어오기 위해 자신의 삶을 내려놓을 자가 있는가? 모든 사람들이 주님을 알게 되리라는 약속은 어떠한가?(렘 31:34 참조). 이것이 우리의 도시들을 위해 추구할 만한 가치가 있지 않은가?

내가 방금 나눈 것이 사실이라면, 어떤 사람도 종말론 뒤에 숨을 수 없을 것이다. 어떤 사람도 마지막 때에 대한 교리 때문에 면제될 수 없다. 누구도 발뺌할 수 없다. 만일 당신이 미래의 약속이 이루어지는 것을 보기 원한다면, 그리고 하나님께서 자신의 의도로 당신의 눈을 가리지 않았다면, 그분은 당신에게 "없는 것을 있는 것으로 부르는"(롬 4:17 NASB) 역할을 맡기고 싶으신 것이다. 이것이 갈급한 믿음의 심령의 역할이다. 우리는 기도와 중보로 역사의 방향과 흐름에 영향력을 발휘할 수 있는 기회를 가지고 있다. 이것이 바로 그분이 우리에게 '장래 일'(요 16:13)을 보여 주시고 싶은 까닭이다. 미래는 지금이며, 그것은 우리에게 속했다.

모든 시절이 어디로 갔는가?

하나님 왕국은 확장과 가속화만이 있을 뿐이다. 하나님의 백성의 갈급함이 개발과 성장의 과정을 도와서 결국 시간을 앞당기게 된다. 하나님께서 '시절'에 관한 우리들의 핑계들을 없애 버리고자 하신다고 확신한다. 많은 이들이 생애 거의 전부를 영적인 겨울 속에서 보내며 그것을 하나님께서 주신 시간이라고 부른다. 시절에 대한 비유들이 변덕스러운 기분과 불신, 우울, 무기력과 같은 것들의 변명거리가 되고 있다. 그것은 이제 끝나야 한다. 기하급수적으로 기술이 발달함에 따라 이 세대의 개발과 성숙함에 가속도가 붙을 것이다.

하나님의 강가에 심겨진 나무들은 일년 내내 열매를 맺을 것이다. 그들은 예언된 바가 가속화되는 것을 경험한 지난 세대의 예언적 원형이다. 그외에 어떻게 "파종하는 자가 곡식 추수하는 자의 뒤를

잇는 것"(암 9:13)이 가능하단 말인가? 이것은 파종과 추수가 함께 일어나는 시절에 대한 놀라운 예언적 그림이다. 그렇지 않고서 어떻게 스가랴가 말한 우리 중 가장 약한 자가 다윗과 같고 가장 강한 자는 하나님 같다고 한 그 성숙함으로 들어갈 수 있다는 것인가?(슥 12:8 참조). 이런 것들이 우리의 시간 바로 앞에 예비되어 있다. 오늘, 내일을 붙잡아 가져오자. 시간을 낭비하고 하나님을 원망할 여유가 없다. 우리가 보기 때문에 알아야만 하는 시절이다!

저주받은 무화과 나무 이야기에 우리를 향한 메시지가 있다. 예수님께서는 시절이 아닌 때에 열매를 맺지 못하는 것을 보시고 저주를 하셨다. 그 나무는 즉시 죽었다. 하나님께서 비논리적이셨는가? 아니면 화가 나셨는가? 아니면 하나님은 우리가 무시할 수 있는 자신의 기대에 대해 무언가 보여 주시고 계셨는가? 하나님은 불가능한 일을 위해 창조한 것들이 불가능한 열매를 맺도록 기대하실 권리가 있다. 내 안에 있는 부활하신 그리스도의 영이 일상적이고 평범한 일을 하기에 부적격으로 만들었다. 나는 믿는 신자이기 때문에 불가능을 가능케 하기에 적격이다. 믿음이 나로 하여금 불가능에 적격으로 만드는 것이다.

우리는 기도의 집에 연중 두 달 정도는 꽃이 피는 나무를 심었다. 그러나 주님의 임재가 그 기도의 집에 있었고, 그 나무는 일년 내내 꽃이 피었다. 하나님은 이 진리를 가리키는 자연적인 현상을 통해 우리의 주목을 끌고자 하시는 것이다.

새로운 날

하나님께서는 백성의 갈급함을 사용하셔서서 나날이 속도를 증가시켜 발달의 진도에 급진적인 변화를 가지고 오신다. 새신자들은 성숙한 이들이 무엇이 가능한지 말해 주기를 기다리지 않는다. 그들은 성경을 읽었고 그것이 합법적이라는 것을 안다. 몸에 피어싱을 하고 죽음을 두려워하지 않는 이 문신의 세대는 중대함의 가능성에 사로잡혀 있다. 그들은 이전 세대가 불가능이라 불렀던 것을 보았고, 그보다 못한 것을 두고 만족하지 못할 것이다. 나도 벽이 없고 불가능이 없으며 왕과 그분의 왕국에 절대적으로 헌신된 그들의 진정한 복음의 추구에 참여한다. 하나님께서는 우리를 전략가로 만들기 위해 앞으로의 일들에 대해 계시하시지 않는다. 갈급한 사람들은 다른 어떤 사람들이 할 수 없는 방식으로 천국의 자원을 움직이기 때문에 하나님은 우리가 미래를 봄으로써 불만족하기를[3] 원하시는 것이다. 이것이 부자들이 천국에 들어가기 너무나 어려운 진짜 이유인 것이다. 진정하고 사실이며, 눈에 보이지 않는 것에 대한 갈급함이 너무나 적다. 그들의 갈망은 하위계급의 것들의 풍부함으로 인해 무감각해져 있다.

겨루는 목적

2년 전 나는 아버지의 치유에 돌파가 일어나도록 간구했다. 그러나 결국 아버지는 하나님께로 가셨다. —그러나 이 이야기는 다른 때에 할 이야기이다. 하나님께서는 전혀 부족함이 없다. 이것은 마치 꿈쩍도 하지 않는 1,000파운드짜리 바위를 밀어보려고 하는 것 같았다. 그 바위를 몇 달 동안 밀어 보았지만 전혀 움직이지 않았다. 우리는 아버지의 본향 가시는 길을 축하하고 사람들의 삶을 단축시키는 것들에 대항해 계속 싸우기로 맹세했다.

이때 나는 1,000파운드짜리 바위를 움직이지는 못했지만 바로 옆의 500파운드짜리 바위를 움직일 수 있게 되었다. 나는 1,000파운드짜리 바위와 겨루기 전까지는 500파운드짜리 바위를 옮길 수 없었다. 겨루기는 우리를 단련시켜 전에 우리가 들 수 있었던 것보다 더 무거운 것을 들 수 있는 능력이 생기게 하고, 전에는 손을 뻗쳐도 닿지 않았던 사역의 기름부으심의 영역을 열어 주는 것이다.

하나님께서는 자주 싸움을 사용하셔서 그 주변에 있는 것들보다 훨씬 더 하나님 안에서의 경험을 증가시키신다. 나는 이를 인간 체험의 스파이크라 부른다. 과거에는 우월한 경험과 그에 따른 특별한 기름부으심과 은총의 자리에 있는 사람들에게 다른 사람들이 몰려와서 그들의 은사들로부터 좋은 것을 받도록 했다. 그것이 언제나 은사의 목적의 일부분이기는 하지만, 하나님의 총체적인 의도에는 못미치는 것이다. 그 우월한 경험은 그리스도의 몸된 교회를 준비시켜서 처음에는 개인에게 돌파의 최고점이었던 것이 이제는 교회에게 새로운 일반적 기준이 되었다. 겨루기는 반드시 함께 나누어야 하는 돌파를 가져온다. 모든 이들이 한낮의 열기 속에서 노동하며 치른 대가로부터 덕을 봐야 한다. 이것이 하나님의 방법이다.

꿈꾸는 자들, 함께 모여라

우리는 경주를 하고 있다. 현재 상태와 이루어질 수 있는 것 사이의 경주인 것이다. 우리는 사상 최고의 부유한 유업과 함께 특별하게 자리잡고 있다. 이는 수천년 동안 인류가 하나님과, 또 하나님께서 인류와 대면하면서 쌓여 왔다. 의로운 죽은 자들이 지켜보고 있다. 그들은 천상의 자리를 차지하고 있으며, '구름 같은 증인들'(히 12:1)이라는 이름이 주어졌다. 그들은 릴레이 경주에서 마지막 주자가 어떻게 마무리하는지에 따라 각 주자가 상급을 받는 것을 알고 있다. 그들은 마지막 한 바퀴를 위해 우리에게 투자했고 이제는 우리가 주어진 것을 가지고 어떻게 할 것인지 기다리고 있다.

우리는 꿈을 꿀 수 있고, 더욱 중요하게는 하나님과 꿈꿀 수 있는 역량을 가지고 있다. 하나님의 언어는 끊임없이 드러나고 있고, 하나님의 마음은 계속해서 전이되고 있으며, 하나님의 선하심을 과장하려는 노력까지도 허용되고 있다. 우리는 지혜를 통한 창의력으로 우리가 당면한 과제들을 해결함으로써 지난 세대의 성과를 능가할 권리를 부여받았다. 그들의 천장이 우리의 바닥이다. 이제 우리가 질주할 때가 되었다.

어린 아이들만 준비되었다

나는 어린 시절에 부모님들이 우리집에 손님들을 초대했던 일을 기억한다. 먹고 노는 데 참여하는 것은 언제나 흥분거리였다. 그러나 손님들이 거실에 계속 앉아서 이야기하고 재미있게 시간을 보내고 있는데 나는 잠자리에 들어야 한다는 것은 가슴 아픈 일이었다. 내 방에 울려오는 웃음의 메아리는 고문과 같았다. 그런 분위기 속에서 자는 것은 불가능했다. 때로 나는 더 이상 견딜 수 없어서 조용히 복도로 나가 그저 듣기만 했다. 나는 하나도 놓치고 싶지 않았다. 그러다가 부모님께 들키면 나는 곧장 잠자리로 돌려보내졌다. 그러나 몇 번은 나의 호기심이 너무나 우스웠는지 그들과 함께 잠시 더 있게 허락받은 적이 있다. 위험부담은 충분히 가치가 있었던 것이다!

나는 다시 그 복도에 있다. 그리고 나의 세대의 경험이 될 수도 있

는 어떤 것을 놓칠 수 있다는 생각은 그야말로 완전히 고문이다. 만일
이런 분위기 속에서 잠을 잔다면 내가 태어난 이유를 놓치게 될 것이
라는 것을 알기에 나는 도저히 잘 수 없다.

각주

1장

1 랜스 월나우를 인용.

2 "Spirit-filled Life Bible"에 각주가 되어 있음.

2장

1 이 주제에 대해 더 알기 원한다면 내가 저작한 〈변화된 마음의 초자연적 능력〉을 읽어 보라.

2 찬양대조도 예술적인 표현이다! 역하 20:21을 보라.

3 창의성, 도덕성, 그리고 우수성의 정의는 Random House Dictionary에서 참조했다. 유사어는 Microsoft Word Encarta World Dictionary에서 발췌했다.

4 하나님께서 어떤 방식으로든지 한정되어 있으시다면 그것은 스스로 제한하신 것이다.

5 이 주제에 대해 더 알고 싶다면, 내가 저작한 〈하늘이 지상을 침노할 때〉라는 책의 두 번째 장을 읽어 보라.

3장

1 나의 요약이다.

2 혼의 가장 흔한 정의는 지, 정, 의이다.

3 이삭이 하나님께서 약속하신 아들인데 반해 이스마엘은 아브라함의 노력으로 얻어진 아들이다.

4 제7장 "계시의 영"에서 더 다루겠다.

5 하나님의 관점에서 통치함이란 '모든 이의 종이 된다' 는 의미라는 것을 아는 것은 중요하다. 많은 사람들이 이 신학을 받아들이고 다른 사람들을 지배하기 위

한 구실로 삼아 왔는데, 이는 예수님께서 경고하신 바이다. 우리가 가장 잘하는 일은 지금까지도 그러했고, 앞으로도 섬김이 될 것이다.

6 종말론의 가장 큰 오류는, 주님의 분명한 명령을 재정의할 때까지 유형과 상징 (분명하지 않은)을 해석하기 위해 힘쓰는 데서 온다. 예를 들어, "뜻이 하늘에서도 이룬 것 같이 땅에서도 이루어지도록" 기도하라는 간단한 명령보다 Gog와 Magog, 열 국가의 연합, 칠년 환란, 적그리스도 등을 많은 사람들이 더 잘 알고 있다.

4장

1 많은 저명한 작가들과 집회의 강연자들이 이것을 뉴에이지 운동이 장려하는 것이므로 마귀에게서 비롯되었다고 간주하는 두려움의 불에 기름을 더하고 있다. 나는 이런 형태의 논리가 잘해 봐야 약한 것을 안다. 이런 노선의 생각을 따라가면, 하나님께서 우리에게 삶과 사역 속에서의 성공을 위해 주신 도구들을 마귀에게 계속 넘겨주게 될 것이다. 그렇게 함으로써 우리는 하나님의 영보다 어둠의 세력에 더 확신감을 쌓는 행위를 하는 것이다.

2 이 부흥의 시간에 많은 사람들이 이렇게 말했다. "우리는 이것이 하나님의 역사하심인 줄 알아요. 단지 이것은 우리를 위한 것이 아니에요." 믿는 사람들이 하나님이 그들 가운데 계심을 인정하면서도 하나님께 더욱 부르짖어 반응하지 않는 것은 매우 충격적인 일이다.

3 이것이 하나님께서 언제든지 움직이시거나 말씀하시기를 기대하는 것을 묘사하기 위해 내가 쓰는 용어이다.

4 스포케인 힐링 룸의 켈 피어스이다.

5 크리스 벨로튼의 예언적인 안내서인 〈전쟁으로의 부르심〉이 이 주제에 대한 실제적인 설명을 제공하고 있다.

5장

1 지식의 말씀이란, 어떤 사람이 다른 사람에 대해 하나님의 계시가 아니고서는 알수 없는 바를 알게 되는 것이다. 이 경우에는, 그 상점에서 장을 보고 있는 사람들중에 하나님께서 고치고 싶으신 사람들의 구체적인 병명을 알게 되는 것이었다.

2 정치적인 과정에 참여하는 것은 믿는 자들에게 허락되는 것일 뿐만 아니라 필수적인 것이다. 우리는 우리의 힘이 정치적인 과정에 있다고 생각하는 것만으로 기준을 낮출 수 없다. 하나님을 순종하는 자연적인 노력은 영적인 풀어짐을 가지고 온다. 그분의 점령이 우리의 힘인 것이다.

7장

1 중대함은 하나님께서 주신 소원함이다. 유명해지고 싶어서 사는 것은 그것의 모조품이다.
2 마틴 스캇(Martin Scott)의 말을 인용.
3 딕 조이스(Dick Joyce)의 말을 인용.

8장

1 예수님은 제자들과 그것을 하셨다. 첫째로 그들은 따르기 위해 모든 것을 버렸다(마 19:29). 그리고 나서 그분은 그들의 돈을 가지고 무엇을 할지 명령하셨고, 검을 반드시 지니도록 하셨다(눅 22:36). 하나님께서는 이스라엘에게 이와 같이 동일하게 하셨다. 광야의 시절 가운데 그들은 모든 것을 위해 하나님을 신뢰하는 것을 배워야 했다. 스스로의 땅이 없는 것은 그들이 약속의 땅에 들어가 소유하는 것을 배우는 훈련 장소가 되었다.
2 성경을 형성하는 66권의 거룩한 저서의 총집합.
3 하나님께서 우리에게 진리를 밝혀 주실 때에는 그것은 항상 전에 계시된 기반 위에 얹어 주시는 것이다. 전자는 버려지지 않는다. 그것은 새로운 말씀이 세워지는 기반이 되는 것이다.

9장

1 우리는 이것이 우리의 자녀를 기르는 데 일차적인 진리라는 것을 발견했다. 올바른 태도를 훈육하는 것은 그릇된 행위를 하는 것에서 비롯되는 가슴이 찢어지는 많은 상처들을 예방한다. 그러나 부모님들은 이 원리를 먼저 따라 해야 한다.
2 하나님 왕국의 풍요로움은 내가 가진 것으로 측정되는 것이 아니라, 얼마나 나누어 주는가에 있다는 것을 기억하기 바란다.

10장

<u>1</u> 금으로 덮인 상자로서 자비석이 그 위에 있다. 이곳이 하나님의 임재가 이스라엘을 위해 임했던 곳이다.

<u>2</u> 신자들은 실제로 새로운 피조물이고, 새로운 종류의 사람들이다. 고후 5장 17절과 벧전 2장 9절을 참조하라.

<u>3</u> 부흥을 유지하는 한 가지 비밀은 하나님께서 하신 일에 감사하는 한편, 더 선하고 훌륭한 것들이 있을 것이기에 만족하지 못하는 것이다.